混凝土路面修补加固砂浆

HUNNINGTU LUMIAN
XIUBU JIAGU SHAJIANG

王留生　翟浩然　等◎著

化学工业出版社

·北京·

内容简介

本专著对混凝土路面修补加固砂浆国内外研究现状等进行了简单介绍，重点阐述了混凝土路面修补加固砂浆制备所需的原材料、制备方法及性能检测方法，PVA胶粉改性硫铝酸盐水泥修补加固砂浆组成设计及性能，PVA胶粉对硫铝酸盐水泥水化的影响，PVA胶粉改性硫铝酸盐水泥修补加固砂浆的耐久性能，锯泥对PVA胶粉改性硫铝酸盐水泥修补加固砂浆性能的影响等内容。

本书可供道路工程施工和管理人员、道路施工材料研发人员以及普通高等院校和大中专院校的师生阅读参考。

图书在版编目（CIP）数据

混凝土路面修补加固砂浆 / 王留生等著 . -- 北京 ：化学工业出版社，2025. 6. -- ISBN 978-7-122-47863-4

Ⅰ. U416.216

中国国家版本馆CIP数据核字第2025LD9881号

责任编辑：张 艳　　　　　　　文字编辑：陈小滔　范伟鑫
责任校对：杜杏然　　　　　　　装帧设计：王晓宇

出版发行：化学工业出版社
　　　　　（北京市东城区青年湖南街13号　邮政编码100011）
印　　装：北京盛通数码印刷有限公司
710mm×1000mm　1/16　印张9　字数108千字
2025年7月北京第1版第1次印刷

购书咨询：010-64518888　　　售后服务：010-64518899
网　　址：http://www.cip.com.cn
凡购买本书，如有缺损质量问题，本社销售中心负责调换。

定　　价：128.00元　　　　　　　版权所有　违者必究

本书著者名单

王留生　翟浩然　刘　颖　刘爱珠　高　东

杨清慧　王元涛　吴传记　刘书峰　黄媛媛

张恒富　刘　欣　李海涛　于利彬　王明岳

　　水泥砂浆、混凝土因其出色的力学性能和耐久性能而得到广泛应用。前些年来相关领域对高性能水泥基修补加固材料的需求日益增长，但主要关注点在应用方面，针对混凝土路面修补加固砂浆开展的研究较少。目前，随着国家乡村振兴战略的实施及新农村建设的快速发展，对混凝土路面修补加固砂浆的研究已引起广泛关注。传统水泥基修补材料易快速失水而导致自身强度降低；同时，因修补界面过于干燥而降低界面黏结强度，导致施工困难，修补材料容易脱落；再者，传统硅酸盐水泥修补材料的孔隙率较高，防水、抗渗和抗侵蚀性能较差，易造成工程耐久性下降。为解决以上问题，著者以快硬早强硫铝酸盐特种水泥为主要组分，并引入聚乙烯醇（PVA）胶粉、外加剂和掺合料，可有效改善修补砂浆的综合性能，并降低成本，解决现有混凝土路面修补加固砂浆存在的问题。

　　本专著重点介绍以硫铝酸盐水泥为胶凝材料，并辅以可再分散聚合物胶粉、外加剂以及纤维调控修补加固砂浆性能，制成混凝土路面修补加固砂浆的相关内容。第一章介绍了混凝土路面修补加固砂浆国内外研究现状等；第二章介绍了混凝土路面修补加固砂浆制备所需的原材料、制备方法及性能检测方法；第三章介绍了PVA胶粉改性硫铝酸盐水泥修补加固砂浆组成设计及性能；第四章介绍了PVA胶粉对硫铝酸盐水泥水化的影响；第五章介绍了 PVA 胶粉改性硫铝酸盐水泥修补加固砂浆的耐久性能；第六章采用锯泥部分取代硫铝酸盐水泥降低成本，介绍了锯泥对 PVA 胶粉改性硫铝酸盐水泥修补加固砂浆性能的影响。

在本专著编写过程中，得到了济南大学相关学者的关心和帮助，在此向他们致以最诚挚和最真心的感谢！由于著者水平所限，书中难免存在不当之处，恳请读者提出改进意见！

著者

2025 年 3 月于济南

目录

CONTENTS

第一章

绪论

1.1

混凝土路面修补加固砂浆技术基础

　　水泥砂浆、混凝土因其出色的力学性能和耐久性能而得到广泛应用。但是，由于混凝土路面长期暴露于自然环境中，受到恶劣环境的侵蚀和机械外力的作用，容易出现局部破坏现象，从而加速侵蚀破坏，使其服役寿命降低[1]。为了避免结构遭受进一步的破坏，通常的做法是将损坏的部分去除，并使用修补材料进行修补（加固）[2-3]。

　　近些年来，欧洲每年超过 50% 的建设预算花费在修复和翻新工程上[4]。美国每年用于维修或重建的费用高达 3000 亿美元。我国自 20 世纪 90 年代以来，经历了 30 多年的高速建设期，每年约有 15 亿吨的水泥用于路面等基础设施的建设，工程规模大、道路增量多[5]。可以预见的是：我国混凝土道路的高峰建设期虽然还未过去，但即将迎来修补与防护的高速发展期，修补与防护领域任重而道远。

　　目前，修补与防护领域研究的重点在于城市道路的修补与加固，砌体结构和低标号（≤ C30）混凝土结构等路面结构的修补加固未得到重视。近年来，随着乡村振兴战略的实施，"新农村"建设正如火如荼地进行中。大量乡村混凝土路面因服役时间的增长，不可避免地出现了结构破坏[6-7]，而需要修补加固，对修补材料的需求量很大。由此可见，适用于混凝土路面的修补材料有着很大市场的需求。

　　现在市面上常见的修补材料主要有[8]：①聚合物修补材料，常见的有环氧树脂和聚酯树脂等高分子化合物；②以硫铝酸盐水泥[9-11]和磷酸镁水泥[12-14]等特种水泥为主要胶凝材料的水泥基修补材料。相比于价格昂贵的聚合物修补材料，特种水泥修补材料因其低廉的价格、优良的性能以及与砂浆、混凝土等基体结构良好的相容性等特性[15]，得到更为广泛的应用。在水泥基修补砂浆中，通过引入聚合物作为改性剂，制备的聚合物改性水泥修补砂浆具有较好的力学性能和耐久性能，尤其是其与原基体结构的黏结性能得以大幅度提升。因此，聚合物改性水泥砂浆在混凝土路面的修补中得到广泛应用。此外，地质聚合物也具有优异的力学性能和耐久性能。但因其原材料来源广、成分复杂、不确定性因素高以及缺少相关标准规范而未能得到广泛应用[16-17]。通过上述对比分析，聚合物改性水泥砂浆的优越性得以彰显，更适用于修补加固工程。

市面上现有的修补砂浆主要面向混凝土建筑结构的修补加固工程。而低等级的道路多数使用低标号的混凝土，尤其是乡村路面，多用普通硅酸盐水泥混凝土，其致密度较低、吸水性强，使修补砂浆容易因失水而脱落，导致修补失败。由此可见，适用于混凝土建筑结构的修补砂浆并不适用于混凝土路面的修补，混凝土路面修补需要使用其他的修补材料[4,18]。

混凝土路面的修补，不仅要求修补材料具有较好的黏结性能，还要具有良好的保水性能。此外，我国夏季雨水较多，而混凝土路面的孔隙率较高，不仅容易吸水受潮而影响行车环境，而且因基体结构与表层砂浆吸水膨胀系数不一致，容易导致砂浆脱落，严重影响使用寿命。因此，修补砂浆还应具有较好的防水抗渗性能。此外，为了缩短修补工期，使道路尽快恢复通车，还要求修补砂浆具有快速硬化的性能[6,18-19]。同时，考虑到乡村的施工条件和经济水平，修补砂浆还应具有价格低廉、易于施工等特性。

综上所述，为了实现修复混凝土路面的目的，修补砂浆在具有较高黏结性能的前提下，还应具有良好的保水性能和防水抗渗性能，且价格低廉、易于施工。

1.2
国内外研究现状

聚合物改性水泥砂浆的应用已有近百年的历史，最早是一名法国的泥瓦匠向水泥砂浆中掺入动物血液，用于地下室的防水修补施工。聚合物改性水泥砂浆的概念是在 1924 年，由 Lefebure 在申请天然橡胶乳液改性水泥砂浆、混凝土专利时提出 [20-21]。在随后几十年的研究中，越来越多的国家开始对这一领域展开研究，并有大量科研成果问世。因其较好的性能，聚合物改性水泥砂浆在世界范围内得到广泛应用，其机理和化学作用也被研究人员进行了深入研究。

近些年来，聚合物改性水泥修补砂浆得到了广泛的应用和发展。常用于改性水泥砂浆的聚合物可以分为两类，一类是液体状态的聚合物乳液和液体聚合物，另一类是粉末状的水溶性聚合物胶粉和可再分散聚合物胶粉。

1.2.1
聚合物乳液改性水泥基材料

目前，常用于改性水泥基材料的聚合物乳液主要有：丁苯橡胶（SBR）

乳液、聚丙烯酸酯（PAE）乳液、环氧树脂（EP）乳液、苯乙烯-丙烯酸酯共聚物（SAE）乳液和乙烯-醋酸乙烯共聚物（EVA）乳液等几种。

（1）SBR 乳液

Wu 等[22] 使用 SBR 乳液和 SAE 乳液预包覆砂子的方法制备了聚合物改性水泥砂浆。研究表明，SBR 乳液可以提高砂浆的流动度，而 SAE 乳液不具有减水效果，需掺入少量高效减水剂才能与空白组试样保持相同的流动度。此外，在聚合物乳液掺量较低的情况下，预包覆法能提高砂浆的力学性能和抗冻性能。

农金龙[23] 研究了 SBR 乳液、PAE 乳液和水性 EP 乳液等多种乳液对修补砂浆与混凝土结构黏结界面的影响。研究发现，聚合物乳液能提高修补砂浆的抗折强度、与混凝土基体结构的黏结强度，而对抗压强度的影响并不明显。此外，还认为对于同一基体结构的修补，并不是修补砂浆的强度越高就能获得更高的黏结强度，修补砂浆与原基体结构的强度应相匹配。

Wang 等[24-25] 研究了 SBR 乳液对水泥砂浆力学性能的影响。在水灰比为 0.4 的前提下，当聚灰比小于 10% 时，砂浆的韧性有所改善；当聚灰比大于 10% 时，砂浆的抗折强度、抗压强度没有得到进一步提升。另外，混合养护更有利于改善砂浆的性能。在对普通硅酸盐水泥水化影响的研究中发现：在潮湿养护时，适量的 SBR 乳液可促进水泥的水化，增加 $Ca(OH)_2$ 的含量。SBR 乳液可促进铝酸钙与石膏的反应，从而促进钙矾石的形成和稳定性，但会抑制 C_4AH_{13} 的形成。此外，SBR 乳液还会对水泥浆体中氧化铝多面体的形态产生影响。

张明飞[11] 通过 SBR 乳液和 EVA 乳液改性硫铝酸盐水泥制备修补砂

浆，用于修补混凝土结构。研究表明，SBR 乳液改性水泥修补砂浆的相容性优于 EVA 乳液改性水泥修补砂浆；两种聚合物乳液改性后都会降低水泥修补砂浆的力学性能，但 SBR 乳液改性水泥修补砂浆的强度略高于 EVA 乳液；两种聚合物乳液都能提高修补砂浆的抗裂性能和抗侵蚀性能。

何凡[26]采用正交试验对 SBR 乳液、PAE 乳液和 EVA 乳液等几种乳液改性水泥基修补材料进行了研究。研究表明，SBR 乳液的改性效果最好，能改善修补材料的抗折强度，显著提升黏结性能，提高修补砂浆的韧性，降低干燥收缩，提高抗氯离子渗透性能。此外，聚合物改性水泥砂浆先水养 3d，然后干燥养护有利于强度的发展。

Feiteira 等[27]研究了 SBR 乳液、PAE 乳液和水性 EP 乳液对水泥砂浆的影响。研究发现，聚合物改性水泥砂浆都具有较低的毛细吸附系数和吸水率，微裂纹显著减少，这对砂浆的抗拉强度、抗裂性能和耐久性能的提升有利。此外，聚合物乳液可降低水泥砂浆中硅碱反应的损伤。

Wang 等[28]对 SBR 乳液改性水泥的机理进行了研究。研究表明，聚合物乳液的改性机理包括物理改性机理和化学改性机理。聚合物乳液可以成膜，覆盖在水化产物的表面，填补水泥的裂缝和孔隙，使改性后的水泥具有更好的性能。聚合物中的活性基团能够与水化产物中的 Ca^{2+} 发生反应，不仅能生成乙酸钙，还会在水泥体系中形成三维网络结构，提高水泥材料的性能。另外，Wang 等[29]在对 PAE 乳液改性水泥的研究中也发现聚合物支链上的酯基能发生水解，与水化产物中的 Ca^{2+} 发生反应，形成三维网络结构。

贾龙星[30]通过使用 SBR 乳液和早强剂改性硫铝酸盐水泥，制备了混凝土用快速修补水泥复合材料，并对其性能进行了研究。结果表明，聚合物改性快速修补材料具有施工性能好、早强高强、后期强度稳定、体积稳定性好、与水泥砂浆的黏结强度高等性能。

Assaad[31] 研究了使用 SBR 乳液改性水泥砂浆的物理力学性能。研究表明，SBR 乳液会使砂浆的抗压强度下降，但能提高砂浆的和易性，改善抗折强度和黏结强度。并使用扫描电镜观察到聚合物膜与水泥水化物相互穿插交联的网络结构，认为这有助于提升砂浆的物理力学性能。

Li 等 [32] 研究了 SBR 乳液、PAE 乳液和 SAE 乳液对硫铝酸盐水泥凝结时间、力学性能和耐久性能的影响。研究表明，聚合物乳液具有较好的缓凝效果，且有助于提高砂浆的力学性能及改善砂浆抗碳化、抗渗透和抗硫酸盐侵蚀性能。相比较而言，SBR 乳液的改性效果较好，对砂浆的抗冻性能也有一定的改善效果。

Shi 等 [33] 研究了 SBR 乳液和 SAE 乳液对普通硅酸盐水泥 - 铝酸盐水泥 - 半水石膏三元修补砂浆力学性能的影响。结果表明，两种聚合物乳液都能提高砂浆的流动性能，降低流动度经时损失，延长凝结时间，提高砂浆的韧性和抗折强度，降低吸水率。此外，不同湿度的养护条件，会影响聚合物改性水泥修补砂浆中 AFt（钙矾石）的晶体形态和聚合物膜的形成。

（2）PAE 乳液

Gao 等 [34] 研究了 PAE 乳液和硅灰对水泥砂浆性能的影响。在两者的共同作用下，降低了水泥砂浆的孔隙率，使水泥砂浆具有较高的抗折强度、抗压强度和较低的氯离子扩散系数。此外，使用红外光谱分析发现 PAE 中的—COO⁻ 基团能与水化产物发生反应，这能提高砂浆的致密性，改善抗渗和抗化学侵蚀性能。

Aggarwal 等 [35] 使用 PAE 乳液和水性 EP 乳液改性普通硅酸盐水泥砂浆的性能。研究表明，聚合物乳液的掺入能改善水泥砂浆的和易性，提高砂浆的抗折强度、抗压强度，降低砂浆的吸水率，提高砂浆的抗碳化性能和抗氯离子渗透性能。

Ma 等[36]研究了 PAE 乳液在不同改性机理下的微观结构和力学性能，并对砂浆的微观结构进行了模拟。力学试验结果表明，聚合物乳液的掺入会降低砂浆的抗压强度，提高砂浆的抗折强度和韧性。此外，还总结出一种短时间内制备高性能水泥复合材料的高温养护工艺。

Tian 等[37]研究了 PAE 乳液改性水泥砂浆的微观结构。结果表明，PAE 乳液会延缓水泥的早期水化，降低砂浆的早期力学性能，但强度发展迅速。PAE 乳液还会使小孔隙细化，但会增大砂浆的大孔隙。另外，PAE 聚合物颗粒不仅会吸附在水泥颗粒和水化产物表面上，还会与孔隙溶液中的 Ca^{2+} 发生化学反应，形成三维网络结构。

王敏[38]使用 PAE 乳液和 SBR 乳液制备高性能水泥基材料，并对其性能和改性机理进行了研究。研究发现，聚合物乳液能改善水泥砂浆的抗折强度、黏度和收缩性，降低抗压强度。在对改性机理的分析中发现，聚合物中的酯基可在水泥水化的碱性条件下发生水解反应，并与水化产物中的 Ca^{2+} 发生反应生成乙酸钙。此外，聚合物还能以水泥中的 Ca^{2+} 为节点，将聚合物与水化产物连接起来，形成三维网络结构，增强水泥基体的性能。

（3）EP 乳液

Sebök 等[39]使用环氧树脂浸渍水泥砂浆和混凝土试样，并对其耐磨性进行了研究。试验结果显示，试样的抗压强度对其耐磨性起决定性作用，固化时间和固化剂对耐磨性的影响较为显著，骨料的最大粒径对耐磨性的影响较小。此外，低抗压强度试样经过浸渍处理后，耐磨性提升较为明显。

Zheng 等[40]使用 EP 乳液制备了高密度、高强度水泥砂浆，并研究了 EP 乳液改性水泥浆体的水化过程以及砂浆的孔隙结构和力学性能。结果表明，EP 乳液的掺入会降低抗折强度和抗压强度，但可提高黏结强度。当聚灰比为 12.5%，抗压强度仍在 75MPa 以上，黏结强度达到最大值 2.65MPa，提高了 59.64%。同时，孔隙率仅为 7.74%，抗折强度也得到了提升。

Guo 等 [7] 使用水性 EP 乳液改性普通硅酸盐水泥砂浆，并首次将其作为聚合物改性修补材料进行使用。试验结果表明，在抗压强度损失不多的前提下，其韧性、抗折强度和界面黏结黏结性能得到了明显的提升。扫描电镜分析表明，环氧树脂形成的聚合物膜可修复水泥基体中的裂缝，改善砂浆的微观结构，提高砂浆性能。

（4）SAE 乳液

李云超 [41] 采用预乳化和半连续工艺制备了 SAE 乳液，并用于改性硫铝酸盐水泥的防腐抗渗性能。研究结果表明，SAE 乳液的掺入会延缓水泥的水化，降低砂浆的力学强度，但能改善砂浆的抗渗性能和抗硫酸盐侵蚀性能。孔隙结构的分析表明，SAE 乳液的掺入会降低孔隙率，提高硬化浆体的密实度。红外光谱分析表明，聚合物中的活性基团能与水泥水化产物发生化学反应，并产生新物质。

（5）EVA 乳液

张霄 [42] 使用 EVA 乳液和 SAE 乳液改性硫铝酸盐水泥和硅酸盐水泥 - 铝酸盐水泥 - 石膏三元复合胶凝体系，制备快速修补材料，并对其改性机理进行了研究。研究表明，聚合物乳液会抑制硫铝酸盐水泥的水化，延长其凝结时间；而对复合胶凝体系的水化起到促进作用，并缩短其凝结时间。SAE 乳液会提高抗折强度，降低抗压强度；EVA 乳液会使抗折强度和抗压强度都降低。此外，两种聚合物乳液都能提高黏结强度，显著改善黏结性能。改性机理方面的研究发现，聚合物中的羧基能与 Ca²⁺ 发生反应，影响水泥水化，改善复合体系的微观结构。

综上所述，聚合物乳液在水泥基材料的改性研究中得到广泛应用，聚合物乳液改性水泥基材料的性能和机理研究取得较大发展。常用于改性水泥基材料的丁苯橡胶乳液、聚丙烯酸酯乳液、环氧树脂乳液、苯丙橡胶乳液和乙烯 - 醋酸乙烯乳液等可提高水泥基材料的流动度，改善黏结性能；聚合物乳液具有较好的成膜性，可改善孔隙结构，提高致密度，改善耐久性能和抗侵蚀性能；聚合物乳液会抑制水泥的水化，延长水泥的凝结时间，降低力学性能。此外，在聚合物乳液改性水泥基材料改性机理的研究中发现，具有活性基团（酯基或羧基）的聚合物可与水泥水化产物发生反应，增强聚合物与水泥基体的键合作用，且聚合物膜与水泥基体相互交叉，形成三维网络结构，可改善水泥基材料的性能。

1.2.2
聚合物胶粉改性水泥基材料

目前，常用于改性水泥基材料的聚合物胶粉主要有：乙烯 - 醋酸乙烯共聚物（EVA）胶粉、聚乙烯醇（PVA）胶粉、纤维素类胶粉、聚丙烯酸酯（PAE）胶粉等几种。

（1）EVA 胶粉

Silva 等 [43] 研究了 EVA 胶粉改性水泥浆体的孔隙结构，发现 EVA 胶粉可增加 40% 的孔隙率。此外，Silva 等 [44] 还对水泥的水化作用进行了研究，发现 EVA 胶粉抑制了水化产物的形成。

Afridi 等 [45] 研究了 EVA 胶粉在水泥砂浆中聚合物膜的形成，发现由于聚合物膜的存在，使砂浆各组分紧密地结合在一起，形成一个致密的整体结构，具有更好的力学性能和耐久性能。

葛序尧[46]使用EVA胶粉制备了聚合物改性高强水泥砂浆。EVA胶粉的掺入改善了砂浆的施工性能，提高了砂浆的抗折强度和拉伸黏结强度，降低了砂浆的干缩率。复掺纤维素醚胶粉，能改善砂浆的力学强度。并且，再掺入适量粉煤灰、硅灰等掺合料后，还能进一步提高砂浆的施工性能和力学强度，改善耐久性能。

Medeiros等[47]通过掺入EVA胶粉和PAE胶粉，制备了适用于混凝土结构的修补砂浆。研究表明，聚合物的掺入可提高砂浆的抗压强度、拉伸黏结强度和剪切黏结强度，还可以改善养护条件不足的影响。

Betioli等[48]通过研究EVA胶粉和硅酸盐水泥在水化前1h内的水化，证实了EVA胶粉可在碱性溶液中发生水解，消耗溶液中的Ca^{2+}，形成乙酸钙，减少$Ca(OH)_2$的含量。并且，在水化进程的前15min，EVA胶粉就与水泥发生了反应。此外，Betioli等[49]还对EVA胶粉改性水泥浆体的流变性能进行了测试，发现EVA胶粉对水泥水化和滚珠效应的影响较小，但会使水泥浆体15min后的剪切变稀变为剪切增稠。

Zhao等[50]通过正交试验确定了EVA胶粉、矿渣和粉煤灰等原料的最佳配合比，制备了一种环保型的聚合物改性水泥防水砂浆，并对防水砂浆的一些性能进行了测试。研究表明，聚合物胶粉对防水砂浆的力学性能和抗渗性能有明显的改善作用。

Wang等[51]使用EVA胶粉改性水泥砂浆，并对其物理力学性能进行测试。研究表明，聚合物胶粉改善了砂浆的保水性能，降低了抗压强度，提高了砂浆的韧性。此外，还能降低砂浆的收缩率，提高砂浆的疏水性和抗渗性能。

史邓明[52]对 EVA 胶粉改性高强水泥砂浆的性能和应用进行了研究。研究表明，EVA 胶粉能提高砂浆的内聚力和触变性能，改善砂浆的施工性能，提高抗折强度和黏结强度，降低抗压强度。另外，还研究了 SBR 乳液和 SAE 乳液对砂浆性能的影响。结果表明，聚合物乳液也会提高砂浆的抗折强度和黏结强度，降低抗压强度。SBR 乳液的改性效果比 SAE 乳液更好。

武斌[53]使用 EVA 胶粉和纤维素醚改性硫铝酸盐水泥制备了防水砂浆，并对其性能进行了研究。研究表明，两种聚合物的掺入都会降低防水砂浆的早期强度，对后期强度的影响较小。另外，聚合物也能增强防水砂浆的防水抗渗性能，纤维素醚对吸水率和抗渗压力等性能的改善效果要高于 EVA 胶粉。

孙佳龙[54]通过 EVA 胶粉改性硫铝酸盐水泥制备了快速修补用自流平水泥基砂浆，并对其主要性能进行了测试。结果表明，这一快速修补砂浆在保证大流动度的前提下，早期强度高且发展快、收缩小、黏结性能好，性能优异。

Shi 等[55]研究了 EVA 胶粉和甲基纤维素对硫铝酸盐水泥净浆凝结时间、砂浆强度和孔隙结构的影响。研究表明，两种聚合物均能明显延长凝结时间，提高抗折强度，降低抗压强度。但是，甲基纤维素能明显地改善后期强度的下降。此外，Shi 等[56]还研究了 EVA 胶粉和甲基纤维素对普通硅酸盐水泥 - 铝酸盐水泥 - 石膏三元修补砂浆力学性能的影响。研究表明，EVA 胶粉复掺甲基纤维素能有效提高抗折强度、抗压强度，并保证后期强度的发展。对其水化的分析表明，这一强度的提升得益于三元体系对 AFt 晶体形貌和稳定性的优化。

（2）PVA 胶粉

Kim 等[57]通过向水泥浆体中掺入少量 PVA 胶粉以改性水泥浆体与

骨料的黏结性能。研究表明，PVA 胶粉的加入抑制了骨料与水泥的界面过渡区中水泥浆体的多孔界面的形成，抑制了 $Ca(OH)_2$ 在骨料表面的成核，从而提高了黏结强度。

Knapen 等[58]观测了水溶性 PVA 胶粉在水泥基体中的存在形式并分析了 PVA 胶粉对水泥水化反应的影响。PVA 胶粉会抑制水泥的早期水化，影响 $Ca(OH)_2$ 晶体的形貌。在层状 $Ca(OH)_2$ 晶体之间观测到聚合物桥的存在，这将层状 $Ca(OH)_2$ 晶体黏合在一起，加强了微观结构，提高了内聚力。并且，在聚合物的存在下，可减少体系内部微裂纹的产生。Knapen 等[59]在对砂浆的研究中也发现了聚合物膜或桥的存在，并认为这有助于砂浆抗折强度的提高。

邢云青[60]研究了不同聚合度和醇解度的 PVA 胶粉对水泥基材料性能的影响，并对改性机理进行了探讨。聚合度的增加，对砂浆的抗压强度提升有一定的作用；醇解度的增加可提高抗折强度和抗压强度；聚合度和醇解度的增加都可以改善砂浆的黏结强度。在对水泥水化的分析中发现，PVA 胶粉可在水泥基材料中成膜，填充孔隙，黏结 $Ca(OH)_2$ 晶体。这有助于细化孔隙结构，提高抗折强度和黏结强度。

Xie 等[61]研究了 PVA 胶粉改性磷酸镁水泥砂浆黏结性能的机理。PVA 胶粉具有良好的成膜特性，包裹在水化产物表面，并与 Ca^{2+} 反应形成 O—Ca—O 的键合作用，增强磷酸镁水泥砂浆与普通硅酸盐水泥砂浆的界面黏结。另外，PVA 膜的包覆作用，还会在一定程度上抑制水泥的水化作用。Piqué 等[62]在研究 PVA 对普通硅酸盐水泥水化的影响时，也发现 PVA 会在水泥颗粒周围形成一层薄膜，包裹在其表面，而延缓水泥的水化。

Ekincioglu 等[63]使用 PVA 胶粉和铝酸盐水泥制备了无宏观缺陷水泥基材料，并提出 PVA 与水泥发生化学作用的假设，认为 PVA 中的羟基（—OH）与水泥中的 Al(OH)$_4^-$ 发生键合作用。这一假设被 Kalina 等[64] 使用 XPS 分析证实，认为铝酸一钙与 PVA 链之间可发生化学反应，形成 C—O—Al 化学键。

（3）纤维素类胶粉

常用于改性水泥基材料的纤维素类胶粉主要有甲基纤维素（MC）、羟乙基纤维素（HEC）和羟丙基甲基纤维素（HPMC）等。

Silva 等[43] 在研究 EVA 胶粉和 HEC 胶粉对水泥浆体孔隙结构的影响时，发现 HEC 胶粉能在与水混合时形成凝胶，改善因 EVA 胶粉掺入而提高的孔隙率。并使用方差分析发现，影响水泥浆体孔径分布的最重要因素是养护条件和 EVA 胶粉的掺量。此外，Silva 等[44] 在使用软 X 射线透射电镜分析 EVA 胶粉和 HPMC 胶粉对普通硅酸盐水泥水化的影响时，发现 HPMC 胶粉会抑制胶凝颗粒的水化，促进胶凝颗粒内部产物（溶解沉淀机制）的形成；而 EVA 胶粉在水化早期，会抑制甚至阻止 AFt 晶体的形成。

Knapen 等[58-59] 观测了 MC 胶粉和 HEC 胶粉在水泥基体中的存在形式，并分析了胶粉对水泥水化反应的影响。研究发现，聚合物胶粉会抑制水泥的早期水化，影响 Ca(OH)$_2$ 晶体的形貌。在水泥净浆和砂浆中都观测到聚合物膜或桥的存在，并认为这有助于改善水泥基体的微观结构和性能。

叶毛然[65] 通过纤维素醚及其他外加剂改性普通硅酸盐水泥，制备了聚合物改性高性能修补砂浆，并对其性能进行了测试。结果表明，聚合物的掺入能提高修补砂浆的韧性，提高抗折强度和黏结强度，降低收缩率。另外，在掺加纤维的情况下还能进一步提高修补砂浆的早期抗折强度、抗压强度，降低收缩率，改善耐久性。

（4）PAE 胶粉

Schulze J[66] 研究了水灰比和水泥用量对聚合物改性水泥砂浆性能的影响。改性和未改性水泥砂浆的抗压强度主要取决于水灰比，水泥用量的影响相对较小；抗折强度受水灰比和水泥用量的影响较大。此外，聚合物胶粉能提高水泥砂浆的抗折强度和黏结强度。

杜鹏 [10] 通过掺入适量的 PAE 胶粉制备了硫铝酸盐水泥基修补砂浆。研究发现，聚合物胶粉能改善修补砂浆的保水性能、抗折强度、抗压强度和界面弯拉强度等。另外，聚合物胶粉能显著改善修补砂浆的耐磨性能。

Brien 等 [67] 通过向硫铝酸盐水泥体系中掺入 PAE 胶粉、SBR 胶粉和EVA 胶粉等不同类型的胶粉，研究了聚合物类型对水泥砂浆黏结性能的影响。研究表明，聚合物改性水泥砂浆在混凝土基体上进行修补时，均表现出优良的黏结性能，而 EVA 胶粉的改性效果优于其它几种聚合物胶粉。

综上所述，聚合物胶粉改性水泥基材料的性能和机理研究也得到了较大的发展。常用于改性水泥基材料的乙烯 - 醋酸乙烯胶粉、聚乙烯醇胶粉、纤维素类胶粉、聚丙烯酸酯胶粉可改善水泥砂浆的保水性能，提高抗折强度和黏结性能；水溶性聚合物胶粉可在水泥基体中成膜，使水化产物和水泥基体更紧密地结合在一起，降低干燥收缩，提高力学性能和耐久性能；在水泥的早期水化过程中，聚合物胶粉会吸附在水泥颗粒表面，抑制水泥的水化，延长其凝结时间。此外，在聚合物胶粉改性水泥基材料改性机理的研究中也发现，聚合物支链上的酯基可在水泥水化的碱性条件下发生水解反应，并与水化产物反应，增强聚合物与水泥基体的键合作用，提高水泥基材料各组分之间的黏聚力，提高致密度而改善材料的性能。

1.2.3
聚合物颗粒和纤维改性水泥基材料

Aattache 等 [68] 使用聚乙烯（PE）颗粒制备水泥砂浆，并对其性能进行了研究。试验结果表明，PE 颗粒的体积掺量为 2.0% 时，能显著提高砂浆的毛细吸附、抗压强度和劈裂抗拉强度。PE 颗粒的疏水性和粗糙表面，可提高抗有害离子的侵蚀能力，且不与腐蚀介质发生化学反应。PE 颗粒增强砂浆的孔隙率变化并不明显，但能提高吸附率，使砂浆的劣化程度降低。此外，AattacheA 等 [69] 在对其耐久性能的研究中发现，PE 颗粒替代砂子质量分数 10% 时可降低砂浆的孔隙率，提高抗碳化和抗氯离子侵蚀性能，提高砂浆的耐久性能。

Luo 等 [15] 研究了 PVA 纤维增强水性 EP 改性水泥修补砂浆的黏结性能和韧性。研究表明，水性 EP 有助于增强黏结性能，聚灰比为 0.25、水灰比为 0.35 时，黏结性能最佳。此外，PVA 纤维有助于提高修补砂浆的断裂韧性和冲击韧性。

杜鹏 [10] 研究了聚丙烯（PP）纤维对硫铝酸盐水泥修补砂浆性能的影响。研究结果表明，PP 纤维的掺入能提高修补砂浆的保水性能，提高各龄期试样的抗折强度，降低干缩率，提高后期抗压强度。掺量为 0.5% 时，修补砂浆的干缩率达到最低值，28d 的干缩率为 0.03%。

Li 等 [70] 研究了 PVA 纤维增强硫铝酸盐水泥的断裂行为，并与 PVA 纤维增强普通硅酸盐水泥和 PP 纤维增强硫铝酸盐水泥进行比较。结果表明，硫铝酸盐水泥基体比普通硅酸盐水泥基体的抗折性能更好。PVA 纤维增强硫铝酸盐水泥具有更高的抗折强度，PVA 纤维与硫铝酸盐水泥基体的黏结性能相对较好，PVA 纤维与硫铝酸盐水泥基体的黏结性能明显好于 PP 纤维与硫铝酸盐水泥基体。

综上所述，聚乙烯颗粒可部分替代水泥砂浆的砂子，改善孔隙结构，提高抗侵蚀性能和耐久性能，且回收利用废旧资源，绿色环保。聚合物纤维在水泥基材料中也有较多的研究，常用于改性水泥基材料的聚乙烯醇纤维和聚丙烯纤维可改善水泥基材料的韧性，提高抗折强度，降低干缩率。

1.3
原材料的选择

1.3.1
聚合物的选择

相比于液体状的聚合物乳液改性水泥基材料，粉末状的聚合物胶粉改性水泥基材料具有如下优点：①成品包装简易，便于运输和存储；②避免现场混料时，因各组分配比掌握不准而产生性能差异；③操作简单，加水搅拌即可使用。因此，选用粉末状的聚合物胶粉制备聚合物胶粉改性水泥修补砂浆，可以适用于各类复杂的施工条件。

常用于改性水泥砂浆的聚合物有聚乙烯醇、乙烯-醋酸乙烯共聚物、纤维素类、环氧树脂、丁苯橡胶和聚丙烯酸酯等。这些聚合物能提高水泥砂浆、混凝土的工作性能和力学性能，降低孔隙率，提高耐久性。但是，考虑到修补砂浆对黏结性能和保水性能的要求，聚乙烯醇和纤维素类聚合物胶粉能满足性能要求。但纤维素类聚合物胶粉的黏度过高，不利于砂浆的拌和以及气泡的消除，且高黏度修补砂浆还会增加施工难度。此外，其掺量较低，不利于聚合物膜的形成及改善砂浆的防水抗渗性能。而低聚合度的 PVA 胶粉黏度较为适宜。同时，PVA 胶粉还具有水溶性（醇解度在 88% 以下时，PVA 胶粉在常温下几乎可以完全溶解；醇解度增大，水溶性降低）。此外，已有研究表明，除物理的黏结作用外，PVA 可与磷酸镁水泥中的 Mg 发生键合作用，形成 O—Mg—O 的结构[61]；可与铝酸盐水泥中的 Al 发生键合作用，形成 O—Al—O 的结构[63-64]。这些化学键可增强聚合物膜与水泥基体的键合作用，提高水泥砂浆的黏聚力，改善砂浆的性能。综上所述，应选用黏度较为适宜的 PVA 胶粉制备修补砂浆。

1.3.2
水泥的选择

相比于其他常用于修补加固工程的特种水泥，硫铝酸盐水泥的价格更低，性价比更高。此外，硫铝酸盐水泥不仅具有快硬早强的特性，还具有较高的抗渗性能、优异的抗冻性能和耐腐蚀性能，更适合用于修补加固工程[32,71]。另外，修补砂浆的干燥收缩率应较低，以防止因干燥收缩而导致的开裂和脱落。硫铝酸盐水泥的主要水化产物钙矾石具有膨胀特性，其干燥收缩率低[72]，可避免干燥收缩导致修补材料开裂和脱落。此外，硫铝酸盐水泥硬化浆体结构更加致密，可在一定程度上提高修补砂浆的防水抗渗性能。这些特性使硫铝酸盐水泥更加适合于混凝土路面的修补加固。

综上所述，为了满足修补混凝土路面的需要，采用具有适宜黏度和保水性的 PVA 胶粉作为改性剂，制备 PVA 胶粉改性硫铝酸盐水泥修补砂浆，以满足混凝土路面修补材料所需良好的黏结性能、保水性能和防水抗渗性能。PVA 胶粉改性硫酸盐水泥修补砂浆的生产成本较高主要是由于硫铝酸盐水泥较贵。著者拟通过乡镇易得的锯泥部分替代硫铝酸盐水泥，以降低其成本。

1.4
本专著主要内容

1.4.1
相关研究成果介绍

相关研究成果主要包括以下四个部分。

（1）PVA 胶粉改性硫铝酸盐水泥修补砂浆的组成设计

通过探索性试验，确定聚合物胶粉、消泡剂和缓凝剂的掺量，并通过控制修补砂浆的流动度，确定减水剂的掺量，最终获得 PVA 胶粉改性硫铝酸盐水泥修补砂浆各组分的配合比。

（2）PVA 胶粉改性硫铝酸盐水泥修补砂浆的性能研究

① 研究 PVA 胶粉对硫铝酸盐水泥修补砂浆流动度、保水率、凝结时间、塑性黏度和动态屈服应力等性能的影响；

② 研究 PVA 胶粉对硫铝酸盐水泥修补砂浆抗折强度、抗压强度、孔隙结构和干缩率等性能的影响；

③ 研究 PVA 胶粉对硫铝酸盐水泥修补砂浆的黏结性能的影响；

④ 研究 PVA 胶粉对硫铝酸盐水泥修补砂浆抗渗压力、吸水率、吸水高度等防水抗渗性能的影响；

⑤ 研究 PVA 胶粉对硫铝酸盐水泥修补砂浆抗冻性能、耐磨性能、抗硫酸盐侵蚀性能等耐久性能的影响。

（3）PVA 胶粉对硫铝酸盐水泥水化的影响

① 研究 PVA 胶粉对硫铝酸盐水泥净浆凝结时间的影响；

② 研究 PVA 胶粉对硫铝酸盐水泥水化产物的影响；

③ 研究 PVA 胶粉对硫铝酸盐水泥水化放热的影响；

④ 研究 PVA 胶粉对硫铝酸盐水泥水化液相离子浓度和 pH 值的影响，并计算 AFt 的饱和指数；

⑤ 研究 PVA 胶粉与硫铝酸盐水泥和混凝土路面粉末的键合作用；

⑥ 观察硫铝酸盐水泥水化产物的形貌和 PVA 胶粉在硫铝酸盐水泥基体中的存在形式。

（4）锯泥对 PVA 胶粉改性硫铝酸盐水泥修补砂浆性能的影响

① 研究锯泥对 PVA 胶粉改性硫铝酸盐水泥修补砂浆流动度、抗折强度、抗压强度和拉伸黏结强度等性能的影响；

② 在保证良好性能的前提下，获得锯泥在 PVA 胶粉改性硫铝酸盐水泥修补砂浆中的合理掺量，以降低成本。

1.4.2
技术方案

本专著对 PVA 胶粉对硫铝酸盐水泥修补砂浆性能的影响和 PVA 胶

粉对硫铝酸盐水泥水化的影响进行了详细阐述，技术方案路线如图 1.1 所示。

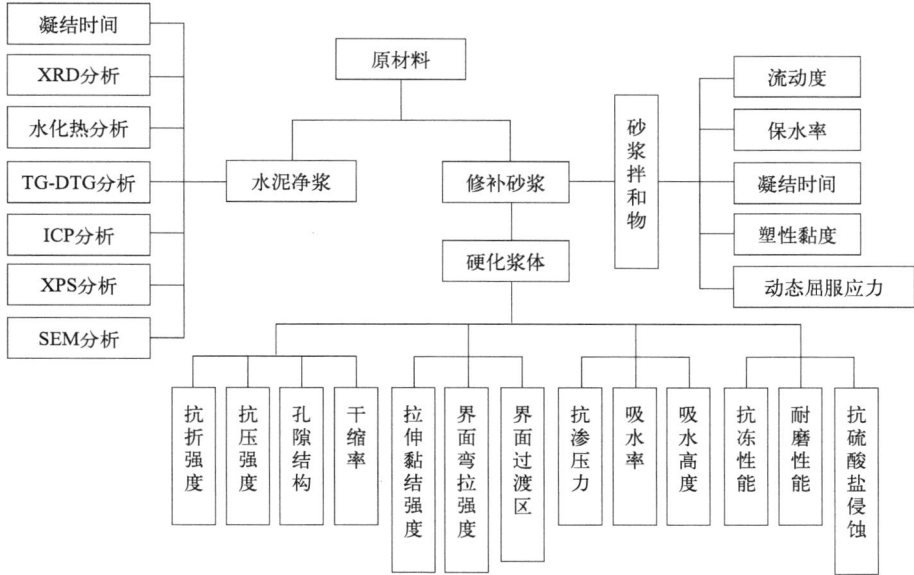

图 1.1　技术路线图

XRD—X 射线衍射；TG-DTG—热重 - 微商热重；ICP—电感耦合等离子体；XPS—X 射线光电子能谱；
SEM—扫描电子显微镜

第二章

PVA 胶粉改性硫铝酸盐水泥砂浆的制备与性能测试

2.1
原材料

2.1.1
水泥

选用的硫铝酸盐水泥是由曲阜中联特种水泥有限公司生产的 42.5 快硬硫铝酸盐水泥，其主要化学成分如表 2.1 所示，矿物组成如图 2.1 所示，颗粒尺寸分布如图 2.2 所示。所选用的硅酸盐水泥为山东山水水泥集团有限公司生产的普通硅酸盐水泥（PO42.5）。

表 2.1 42.5 快硬硫铝酸盐水泥的主要化学成分

组分	CaO	SO_3	Al_2O_3	SiO_2	MgO	Fe_2O_3	TiO_2	K_2O	Na_2O	其他
含量/%	45.98	17.3	16.8	8.92	2.56	2.16	0.75	0.23	0.16	5.14

2.1.2
聚合物胶粉

选用的聚合物胶粉为上海影佳实业发展有限公司生产的冷溶型聚乙烯醇（PVA 0588）胶粉，其主要物理性能参数如表 2.2 所示。

聚乙烯醇（PVA）由聚醋酸乙烯（PVAc）通过醇解反应制得[73]，如图 2.3 所示。在醇解反应过程中，聚醋酸乙烯中的—$OOCCH_3$ 被羟基（—OH）取代。其中，制得的聚乙烯醇中羟基占所有官能团的比例为醇解度，如图 2.3

所示，醇解度为 $x/(x+y)$。

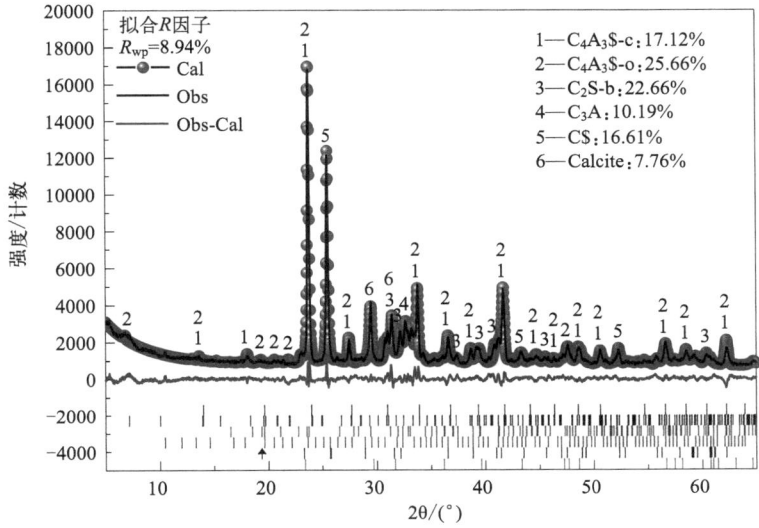

图 2.1　硫铝酸盐水泥 Rietveld 定量分析图谱

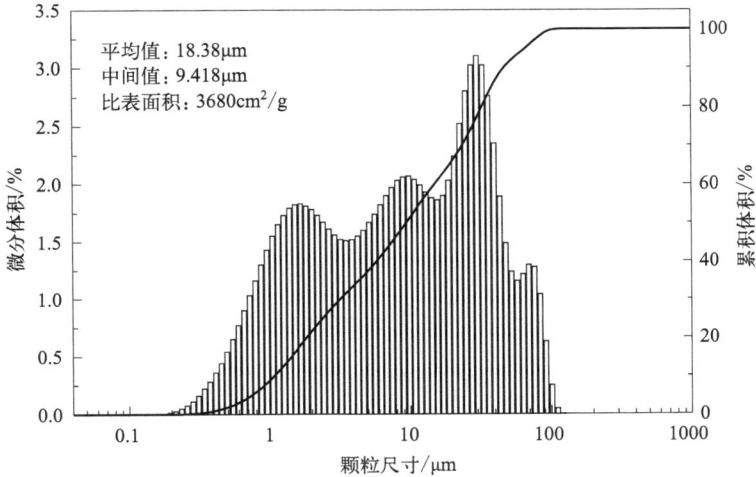

图 2.2　硫铝酸盐水泥的颗粒尺寸分布

表 2.2　PVA 胶粉的主要物理性能参数

项目	参数
型号	0588
分子量	17000 ~ 26000
聚合度	500±50
pH 值	5.0 ~ 7.0
黏度 /（MPa·s）	4.5 ~ 6.5
挥发物含量 /%	≤ 5.0
灰分含量 /%	≤ 0.5
纯度 /%	≥ 96.0

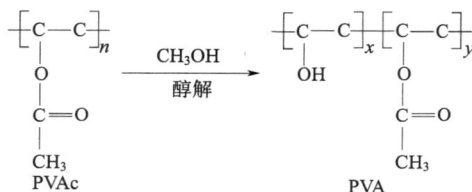

图 2.3　制备 PVA 的醇解反应示意图

　　选用的 PVA 胶粉为 0588 型，醇解度为 88% 左右[74]。值得注意的是，此醇解度的 PVA 胶粉具有较好的水溶性（常温下几乎可以完全溶解），醇解度升高，水溶性会降低，完全醇解的 PVA 胶粉在水中的醇解度极其微小；当醇解度较低时，PVA 胶粉中的杂质增多，分子量增大，水溶液黏度较高[75]，黏度较高时，胶粉的掺量较低，不利于胶粉在水泥中的分散和成膜，同时也会增加砂浆拌和的难度。因此，选用醇解度为 88% 的冷溶型 PVA 胶粉，改善修补砂浆黏结性能的同时，胶粉也具有较好的成膜特性，可进一步提升修补砂浆的性能。此外，为了证实 PVA 胶粉中杂质—OOCCH$_3$ 基团的存在，对 PVA 胶粉进行红外光谱分析，在 1870 ~ 1650cm^{-1} 和 1300 ~ 1000cm^{-1} 之间分别有 C=O 和 C—O 的吸收峰（如图 2.4 所示），表明 PVA 胶粉中有杂质—OOCCH$_3$ 基团[75]。

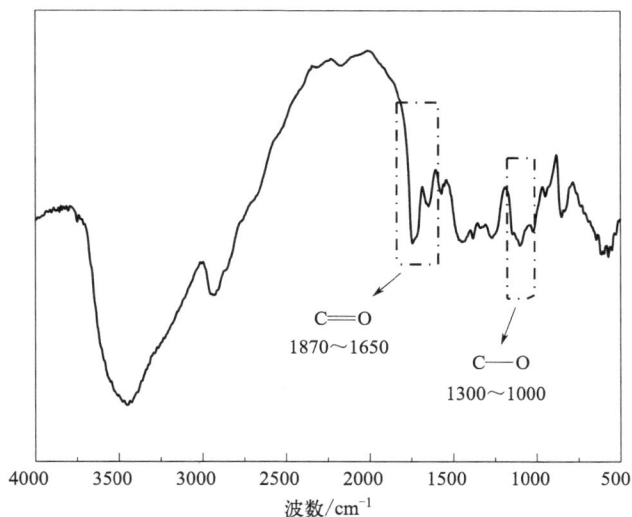

图 2.4　PVA 胶粉的红外光谱图

2.1.3
砂子

所选用的砂子为福建吉辅材济南分公司生产的粒径小于 4.75mm 的中砂，根据标准对其物理性能进行测定[76]，结果如表 2.3 所示。

表 2.3　河砂的物理性能参数

项目	参数
含泥量 /%	3.33
表观密度 /（kg/m^3）	1868
堆积密度 /（kg/m^3）	1459
空隙率 /%	22

项目	参数
含水量 /%	0.36
坚固性（压碎指标）	Ⅱ
MB 值 /（g/kg）	2.3
石粉含量 /%	2.67
饱和面干吸水率 /%	0.87

2.1.4
锯泥

所选用的锯泥是由青岛某公司排放的石材切割废料，其主要化学成分如表 2.4 所示，矿物组成如图 2.5 所示，颗粒尺寸分布如图 2.6 所示。

表 2.4　锯泥的主要化学成分

氧化物	SiO_2	Al_2O_3	Na_2O	K_2O	CaO	Fe_2O_3	MgO	TiO_2	CeO_2	其他
含量 /%	67.73	15.63	5.19	4.50	2.55	1.87	1.09	0.36	0.25	0.83

2.1.5
外加剂

① 所选用的减水剂为山东建筑科学研究院有限公司生产的标准型聚羧酸高效减水剂。

② 所选用的消泡剂为上海麦克林生化科技有限公司生产的磷酸三丁酯。

③ 所选用的缓凝剂为国药集团化学试剂有限公司生产的柠檬酸。

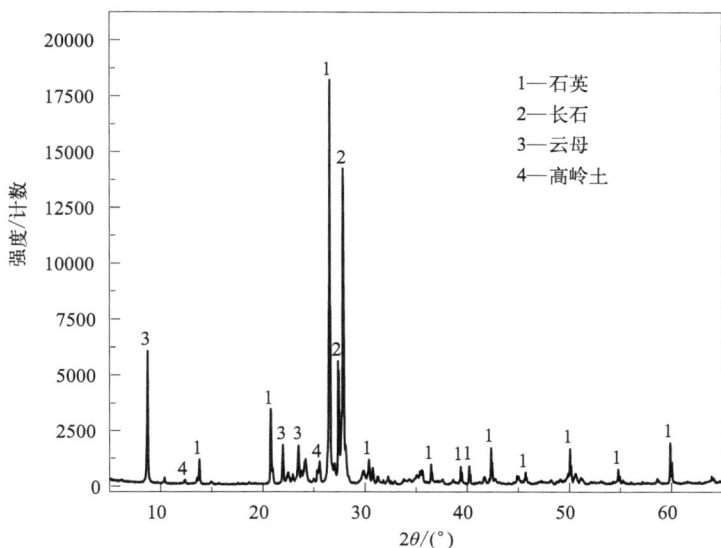

图 2.5　锯泥的 XRD 分析图谱

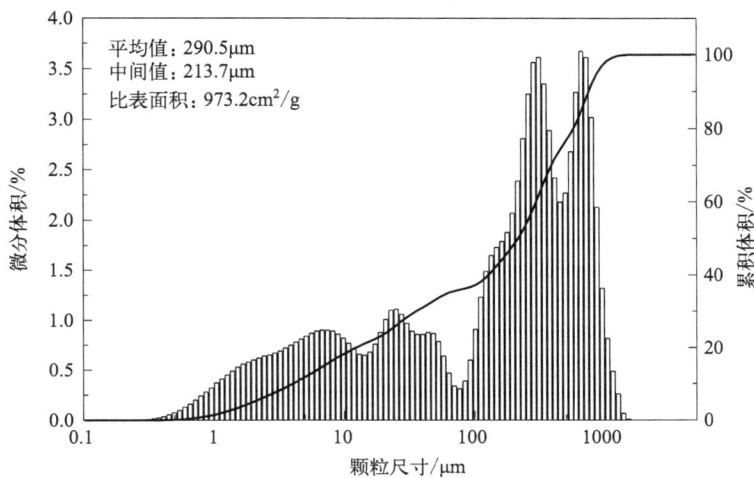

图 2.6　锯泥的颗粒尺寸分布

2.2
试验设备

① JJ-5 水泥胶砂搅拌机

② NJ-160A 水泥净浆搅拌机

③ NLD-3 型水泥胶砂流动度测定仪

④ 维卡仪

⑤ ZKS-100 砂浆凝结时间测定仪

⑥ HAAKE MARS 40 旋转流变仪

⑦ ZS-15 水泥胶砂振实台

⑧ CMT 5504 微机控制电子万能试验机

⑨ CDT 1305-2 微机控制电子压力试验机

⑩ Pore Master-60 全自动压汞仪

⑪ SYJ-400 CNC 划片切割机

⑫ MZ 100-5 角向磨光机

⑬ EVO/LS15 扫描电子显微镜

⑭ SS-1.5 型数显砂浆渗透仪

⑮ NJW-LS 型电脑控制砼硫酸盐干湿循环试验设备

⑯ NJW-HDK-9 型微机全自动砼快速冻融试验设备

⑰ TMS-400 水泥胶砂耐磨试验机

⑱ DHG-9070A 电热鼓风干燥箱

⑲ LS 13320 激光粒度分析仪

⑳ Nicolet 380 傅里叶变换红外光谱仪

㉑ Tiger S8 X 射线荧光光谱仪

㉒ D8 ADVANCE X 射线衍射仪

㉓ TGA/DSCI 差热分析仪

㉔ TAM AIR 八通道微量热仪

㉕ Pore Master-60 全自动压汞仪

㉖ FE28 pH 计

㉗ ICAP-7200 电感耦合等离子体光谱仪

㉘ ESCALAB Xi+X 射线光电子能谱仪

2.3
样品制备方法

（1）水泥砂浆

水泥砂浆按照 GB/T 17671—2021《水泥胶砂强度检验方法》（IOS 法）制备。首先，将称量的 PVA 胶粉和硫铝酸盐水泥置于 Y 型混料机，混料 30min 后，置于搅拌锅中。再将称量的水、减水剂、消泡剂和缓凝剂等外加剂置于搅拌锅中，并立即开始搅拌、成型。成型后置于温度为（20±2）℃、相对湿度为 95% 以上的标准养护室中养护。养护 6h 后脱模，并将试样置于温度为（20±2）℃、相对湿度为 95% 以上的标准养护室中继续养护，以待测试使用。

锯泥改性硫铝酸盐水泥修补砂浆试样成型前，将称量的锯泥和硫铝酸盐水泥置于 Y 型混料机，混料 30min，使锯泥均匀分散在水泥中后，再进行砂浆的制备。

（2）水泥净浆

首先，将称量的 PVA 胶粉和硫铝酸盐水泥置于 Y 型混料机中，混料 30min，再置于搅拌锅中。以 0.35 的水灰比称取水，将称量的水置于搅拌锅中，并立即开始搅拌。水泥浆体搅拌完后，立即置于 20mm×20mm×20mm 模具中成型。成型后，置于温度为（20±2）℃、相对湿度为 95% 以上的标准养护室中养护。养护 6h 后脱模，并将水泥净浆试样置于温度为（20±2）℃、相对湿度为 95% 以上的标准养护室中继续养护至测试龄期。之后，将水泥净浆试样破碎，取内部的碎块（具有新鲜表面）置于无水乙醇中 24h，终止水化，再置于 45℃ 的鼓风干燥箱中 24h 后，研磨成细粉，过 200 目筛，以待测试使用。

（3）水泥水化孔溶液

以水∶水泥 =10∶1 的水灰比配置水化液相，到达水化龄期后，取样、离心、取上层清液，测定 pH 值，滴加稀硝酸终止水化，以待测试使用。

（4）含 PVA 胶粉的混凝土路面粉末

将 PVA 胶粉和混凝土路面粉末混合后，置于饱和氢氧化钙溶液中，水灰比为 0.50，充分搅拌后置于温度为（20±2）℃、相对湿度为 95% 以上的标准养护室中养护。养护 28d 后，将试样破碎，置于无水乙醇中浸泡 24h，终止水化。再置于 45℃ 的烘箱中烘干，研磨、过 200 目筛，以待测试使用。

2.4
测试方法

（1）流动度

使用 NLD-3 型水泥胶砂流动度测定仪，参照标准 GB/T 2419—2005《水泥胶砂流动度测定方法》进行砂浆流动度试验。

（2）凝结时间

使用 ZKS-100 砂浆凝结时间测定仪，参照标准 JGJ/T 70—2023《建筑砂浆基本性能试验方法》进行砂浆凝结时间试验，并根据式（2.1）计算修补砂浆的凝结时间。

$$f_{\mathrm{p}} = \frac{N_{\mathrm{p}}}{A_{\mathrm{p}}} \qquad (2.1)$$

式中　f_{p}——贯入的阻力值，MPa；

　　　N_{p}——贯入的静压力，N；

　　　A_{p}——贯入试针的截面积，mm²。

（3）保水率

砂浆保水性试验参照标准 JGJ/T 70—2023《建筑砂浆基本性能试验方法》进行测试，并根据式（2.2）计算修补砂浆的保水率。

$$W = \left[1 - \frac{m_4 - m_2}{\alpha \times (m_3 - m_1)}\right] \times 100 \qquad (2.2)$$

式中　W——砂浆的保水率，%；

m_1——底部不透水片与干燥试模的质量，g；

m_2——15 片滤纸吸水前的质量，g；

m_3——试模、底部不透水片与砂浆的总质量，g；

m_4——15 片滤纸吸水后的质量，g；

α——砂浆的含水率，%。

砂浆的含水率按式（2.3）计算：

$$\alpha = \frac{m_6 - m_5}{m_6} \times 100 \qquad （2.3）$$

式中　α——砂浆的含水率，%；

m_5——烘干后砂浆试样的质量，g；

m_6——砂浆试样的总质量，g。

（4）塑性黏度和动态屈服应力

通过增加减水剂的掺量，使修补砂浆的流动度增加至（250±2）mm，以满足流变仪的测试条件。控制速率旋转剪切模式试验，分为以下四个阶段：

① 在 $5s^{-1}$ 剪切速率下，进行 15s 的预剪切，使浆体均匀分散；

② 静置 15s，使浆体絮凝结构回复；

③ 剪切速率在 120s 内，从 0 线性增长到 $10s^{-1}$；

④ 剪切速率在 120s 内，从 $10s^{-1}$ 线性降低至 0。

使用最后阶段 1 ~ $9s^{-1}$ 的数据，根据 Bingham 模型计算曲线的斜率和截距，分别表示修补砂浆的塑性黏度和动态屈服应力。

（5）抗折强度和抗压强度

砂浆的抗折强度和抗压强度试验参照标准 GB/T 17671—2021《水泥胶砂强度检验方法》（IOS 法）进行测试。测试试验机为 CDT 1305-2 微机控制电子压力试验机。先对砂浆试样进行抗折强度测试，以（50±10）N/s 的速率均匀地将载荷施加在试样的侧面，直至试样折断，记录试样折断时的载荷，并根据式（2.4）计算修补砂浆的抗折强度。之后再将折断的试样进行抗压强度测试，以（2400±200）N/s 的速率均匀地将载荷施加在试样的侧面，直至试样破坏，记录试样破坏时的载荷，并根据式（2.5）计算修补砂浆的抗压强度。

$$R_\mathrm{f} = \frac{1.5F_\mathrm{f}L}{b^3} \qquad (2.4)$$

式中　R_f——砂浆的抗折强度，MPa；

　　　F_f——试样折断时的载荷，N；

　　　L——两个支点之间的距离，mm；

　　　b^3——试样正方形截面的边长，mm。

$$R_\mathrm{c} = \frac{F_\mathrm{c}}{A} \qquad (2.5)$$

式中　R_c——砂浆的抗压强度，MPa；

　　　F_c——试样破坏时的载荷，N；

　　　A——受压面的面积，mm^2。

（6）孔隙结构

采用压汞法测试砂浆试样的孔径分布和累计孔隙。养护 28d 的砂浆试样真空干燥除去游离水后，使用 Pore Master-60 全自动压汞仪测试其孔隙结构。测试压力在 0 ~ $6×10^4$psia（1psia = 6.890kPa）范围内。

（7）干缩率

砂浆干缩率试验参照标准 JC/T 2381—2016《修补砂浆》进行测试，并根据式（2.6）[77]计算修补砂浆的干缩率。

$$S=\frac{(L_0-L)\times100}{250}$$ （2.6）

式中　　S——砂浆试样 28d 的干缩率，%；

　　　　L_0——砂浆试样的初始测量读数，mm；

　　　　L——砂浆试样的 28d 测量读数，mm；

　　　250——砂浆试样的有效长度，mm。

（8）黏结性能

砂浆的拉伸黏结强度和界面弯拉强度，均参照标准 JC/T 2381—2016 《修补砂浆》进行测试。拉伸黏结强度基体块为混凝土路面和普通硅酸盐水泥砂浆，界面弯拉强度基体块为普通硅酸盐水泥砂浆。

① 拉伸黏结强度

在试样成型前，为避免基体块吸水过多，将基体块在水中浸泡 5min，从水中取出后，用干毛巾擦干其表面的水分，在其上表面成型修补砂浆（尺寸为 40mm×40mm×10mm）。测试前，将养护到测试龄期的试样从养护室中取出，擦干表面水分，用环氧树脂黏结剂将试样上表面和拉拔头紧密黏结，并确保拉拔头不歪斜，去除溢出的黏结剂，静置 12h（黏结剂凝固即可），进行拉伸黏结强度试验。测试试验机为 CMT 5504 微机控制电子万能试验机，以（5±1）mm/min 速率施加载荷至试样破坏，破坏形式为修补砂浆下表面与基体块之间的界面破坏时，试验结果有效。

浸水处理，将试样在标准养护条件下养护至测试龄期，再将其浸入水中养护 6d，取出后擦干试样表面水分，黏结拉拔头，进行拉伸黏结强度试验。

热老化处理，将试样在标准养护条件下养护至测试龄期，再将其放入（70±2）℃的鼓风干燥箱中 6d，取出后晾置至室温，黏结拉拔头，进行拉伸黏结强度试验。

冻融循环处理，将试样在标准养护条件下养护至测试龄期，并在水中养护1d后，进行冻融循环（25个循环），取出后再置于标准养护条件下养护4h，黏结拉拔头，进行拉伸黏结强度试验。

拉伸黏结强度按式（2.7）[78]计算：

$$f_{at} = \frac{F}{A_z} \tag{2.7}$$

式中　　f_{at}——砂浆的拉伸黏结强度，MPa；

　　　　F——试样破坏时的载荷，N；

　　　　A_z——黏结面积，mm^2。

② 界面弯拉强度

在试样成型前，将养护28d的普通硅酸盐水泥砂浆块（尺寸为40mm×40mm×80mm）先置于模具中，再加入拌和的修补砂浆，成型界面弯拉强度试样。用抗折强度表示修补砂浆的界面弯拉强度。测试试验机为CDT 1305-2微机控制电子压力试验机。

③ 界面处理方法

此外，对普通硅酸盐水泥砂浆块的黏结界面进行处理（如图2.7和图2.8所示），使用MZ 100-5角向磨光机切割，切割深度为2mm。

（9）防水抗渗性能

① 抗渗压力

砂浆抗渗压力试验参照标准JGJ/T 70—2023《建筑砂浆基本性能试验方法》，使用SS-1.5型数显砂浆渗透仪进行测试。

② 吸水率

砂浆吸水率试验参照标准JGJ/T 70—2023《建筑砂浆基本性能试验方法》进行测试，并根据式（2.8）计算修补砂浆的吸水率。

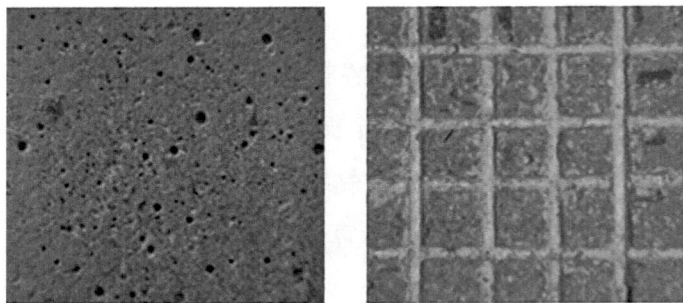

图 2.7　修补砂浆与普通硅酸盐水泥砂浆基体的拉伸黏结强度界面和试样

图 2.8　修补砂浆与普通硅酸盐水泥砂浆基体的界面弯拉强度界面和试样

　混凝土路面
修补加固砂浆

$$W_x = \frac{m_1 - m_0}{m_0} \times 100 \qquad (2.8)$$

式中　W_x——砂浆的吸水率，%；

　　　m_1——试样吸水后的质量，g；

　　　m_0——试样干燥后的质量，g。

③ 吸水高度

砂浆吸水高度试样参照标准 GB/T 17671—2021《水泥胶砂强度检验方法》（IOS 法）成型。将试样立于水槽中，没入水面部分不低于 5mm，浸泡 48h 后取出，用干毛巾擦干试样表面水分，将试样劈裂开，测量试样的吸水高度（多点位，多次测量，取平均值）。

（10）激光粒度分析

使用 LS 13320 激光粒度分析仪对硫铝酸盐水泥、锯泥等原材料的颗粒尺寸分布进行表征。

（11）红外光谱分析

使用 Nicolet 380 傅里叶变换红外光谱仪对 PVA 胶粉的官能团进行表征。扫描范围在中红外区域，频率为 4000 ~ 500cm^{-1}，光谱分辨率为 4cm^{-1}。为保证试样的透光性，测试试样由 0.1mg 的 PVA 胶粉与 100mg 的 KBr 混合配制而成，将混合物均匀化后，在 10MPa 压力下压成薄片，进行测试分析。

（12）X 射线荧光光谱（XRF）分析

使用 Tiger S8 X 射线荧光光谱仪对硫铝酸盐水泥、锯泥和混凝土路面粉末等原材料的主要化学成分（以氧化物表示）进行表征。

（13）水泥净浆凝结时间

使用维卡仪，参照标准 GB/T 1346—2024《水泥标准稠度用水量、凝结时间、安定性检验方法》，测试 PVA 胶粉对硫铝酸盐水泥净浆凝结时间的影响。

（14）X 射线衍射（XRD）分析

使用 D8 ADVANCE X 射线衍射仪（工作电压为 40kV，电流为 40mA）测试原材料和水化样品的矿物组成。硫铝酸盐水泥的测量范围为 5°～65°，扫描速度为 1°/min，利用 Topas 4.2 软件，对其矿物含量进行定量 XRD（QXRD）分析；锯泥的测量范围为 5°～65°，扫描速度为 5°/min；水化 3min、5min、15min、30min 和 60min 的硫铝酸盐水泥水化样品的测量范围为 7°～14°，扫描速度为 1°/min；水化 6h、1d、3d、7d 和 28d 的硫铝酸盐水泥水化样品的测量范围为 5°～55°，扫描速度为 5°/min。

（15）热重（TG）分析

使用 TGA/DSCI 差热分析仪测试 PVA 胶粉对硫铝酸盐水泥水化产物的影响。每个样品的重量为（35±5）mg。温度范围为 30～800℃，升温速率为 10℃/min，实验气氛为 Ar，流速为 50mL/min。

（16）水化热分析

使用 TAM AIR 八通道微量热仪测试 PVA 胶粉对硫铝酸盐水泥水化放热的影响。使用内搅拌法，水灰比为 0.5。仪器的精度为 20μW，工作温度为（20±0.2）℃，每 24s 记录一次热流，直到 24h 试验结束。

（17）扫描电子显微镜（SEM）分析

使用 EVO/LS15 扫描电子显微镜观察修补砂浆与混凝土路面之间的

界面过渡区，观察硫铝酸盐水泥水化产物的形貌和 PVA 胶粉在硫铝酸盐水泥基体中的存在形式。在使用扫描电子显微镜观察前，对试样进行喷金处理，时间为 90s。

（18）液相离子浓度和 pH 值以及 AFt 的饱和指数分析

使用 ICAP-7200 电感耦合等离子体光谱仪测试硫铝酸盐水泥水化液相中 Ca、Al、S 离子浓度，使用 FE28 pH 计测试硫铝酸盐水泥水化液相的 pH 值，并计算水化产物 AFt 的饱和指数（SI）。

基于测得的 Ca、S、Al 离子浓度和 pH 值，使用软件 PHREEQC，根据式（2.9）计算出 AFt 的饱和指数[79-81]。

$$SI=\lg\frac{IAP}{K_{sp}} \qquad (2.9)$$

式中，IAP 和 K_{sp} 分别是 AFt 在 25℃ 时的离子活度积和溶度积。活度系数是通过 Deby-Hückel 方程 [式（2.10）] 计算得到的。

$$\lg\gamma_i=\frac{-A_\gamma z_i^2\sqrt{I_m}}{1+\dot{a}B_\gamma\sqrt{I_m}}+b_\gamma I_m \qquad (2.10)$$

（19）X 射线光电子能谱（XPS）分析

XPS 分析由 ESCALABXi+X 射线光电子能谱仪（300W，20mA，15kV）进行测试。分别测试硫铝酸盐水泥水化 28d 的水化样品和 PVA 胶粉与混凝土路面粉末 28d 的样品。测试数据导入软件 Avadvantage 5.9915，进行分峰拟合。并且，为了补偿表面电荷效应，C1s 的结合能被校准为 284.80eV。

（20）抗冻性能

砂浆抗冻性试验参照标准 GB/T 50082—2024《混凝土长期性能和耐久性能试验方法标准》，按照快冻法，使用 NJW-HDK-9 型微机全自动砼快速冻融试验设备进行测试。修补砂浆试样按照标准 GB/T 17671—2021《水泥胶砂强度检验方法》（IOS 法）成型。试样养护 28d 后，进行冻融循环试验，测试每个试样经历冻融循环前后的抗压强度和质量，并根据式（2.11）和式（2.12）计算强度损失和质量损失。

$$\Delta K = \frac{f_0 - f}{f_0} \times 100 \qquad (2.11)$$

式中　ΔK ——冻融循环后试样的抗压强度损失率，%；

　　　f_0 ——冻融循环前试样的抗压强度，MPa；

　　　f ——冻融循环后试样的抗压强度，MPa。

$$\Delta W = \frac{W_0 - W}{W_0} \times 100 \qquad (2.12)$$

式中　ΔW ——冻融循环后试样的质量损失率，%；

　　　W_0 ——冻融循环前试样的质量，g；

　　　W ——冻融循环后试样的质量，g。

（21）耐磨性能

砂浆耐磨性试验参照标准 T 0567—2005《水泥混凝土耐磨性试验方法》[82] 成型试样（尺寸为 150mm×150mm×150mm）并进行测试。使用 TMS-400 水泥胶砂耐磨试验机测试试样侧面的耐磨性。试样养护 28d 后，进行试验，测量每个试样经历磨损前后的质量和磨损深度，并根据式（2.13）[83] 计算单位面积上的磨损量。

$$G = \frac{g_1 - g_2}{0.0125} \qquad (2.13)$$

式中　G ——单位面积上的磨损量，kg/m^2；

　　　g_1 ——试样预磨后的质量，kg；

　　　g_2 ——试样磨损后的质量，kg；

　　　0.0125——磨损面积，m^2。

（22）抗硫酸盐侵蚀性能

硫铝酸盐干湿循环试验参照标准 GB/T 50082—2024《混凝土长期性能和耐久性能试验方法标准》，使用 NJW-LS 型电脑控制砼硫酸盐干湿循环试验设备进行测试。修补砂浆试样按照标准 GB/T 17671—2021《水泥胶砂强度检验方法》（IOS 法）成型。配制质量分数为 5% 的硫酸钠溶液用于硫酸盐干湿循环试验，每月更换一次溶液。抗压强度每月测试一次，并根据式（2.14）计算修补砂浆的耐蚀系数。

$$K_f = \frac{f_c}{f_0} \tag{2.14}$$

式中　　K_f——抗压强度耐蚀系数；

　　　　f_c——干湿循环后试样的抗压强度，MPa；

　　　　f_0——同龄期标准养护试样的抗压强度，MPa。

第三章

PVA 胶粉改性硫铝酸盐水泥修补加固砂浆组成设计及性能

PVA 胶粉具有一定的保水性，引入到硫铝酸盐水泥砂浆中后，可提高砂浆保水性能，但也会使得砂浆流动性变差，因此，需通过引入减水剂，以保证其流动性。硫铝酸盐水泥凝结过快，制备的砂浆难以满足工程施工的时间需求，因此，需通过缓凝剂调节其凝结时间。此外，PVA 胶粉是一种表面活性剂，具有引气效应，需掺入消泡剂来消除其引入的气泡。

本章将通过调整 PVA 胶粉改性硫铝酸盐水泥修补砂浆中 PVA 胶粉、减水剂以及缓凝剂的掺量，优化其流动性、凝结时间，以满足其施工的需求。同时，引入消泡剂去除 PVA 胶粉引入的气泡。此外，本章将介绍 PVA 胶粉改性硫铝酸盐水泥修补砂浆保水性能、流变性能、抗折强度、抗压强度、孔隙结构、干缩率、黏结性能及防水抗渗性能。

3.1
组成设计

3.1.1
聚合物胶粉及外加剂

为了改善修补砂浆的黏结性能，聚合物胶粉需具有适宜的黏度。同时，考虑到修补砂浆保水性的需要，PVA 胶粉和纤维素醚类聚合物胶粉能满足性能要求。但是，纤维素醚类聚合物胶粉的黏度太高，不利于砂浆的拌和、气泡的消除，而且掺量较低，不利于砂浆防水抗渗性能的提升。而低聚合度的 PVA 胶粉具有适宜的黏度，且水溶性好（醇解度在 88%

混凝土路面
修补加固砂浆

以下时，PVA 胶粉在常温下几乎可以完全溶解；醇解度超过 88% 时，水溶性逐渐降低），这有利于聚合物膜与水泥基体的结合[84]。有研究表明，除了物理上的黏结作用外，PVA 胶粉可与磷酸镁水泥中的 Mg 发生键合作用，形成 O—Mg—O 的分子链结构[61]；与铝酸盐水泥中的 Al 发生键合作用，形成 O—Al—O 的分子链结构[63-64]。这些化学键能增强聚合物膜与水泥基体的连接，使水泥基体更加紧实，而提高整体的性能。通过上述对比分析，最终选择冷溶型 PVA 0588 胶粉改性硫铝酸盐水泥，制备修补砂浆。

但是，由于 PVA 胶粉的吸水性，PVA 中的羟基会与水分子形成氢键，吸附自由水，而降低砂浆的流动性。因此，为了保证修补砂浆有足够的自由水保持流动性，引入聚羧酸高效减水剂，使修补砂浆的流动度控制在（170±2）mm 的范围内[85-87]。同时，为了调控修补砂浆的凝结时间，引入柠檬酸作为缓凝剂[87-89]，使修补砂浆的凝结时间控制在 30min 左右，以满足施工操作的需要。此外，前人研究发现，PVA 引入到水泥砂浆后，黏度得以增加，但是气泡却难以消除[84,90]。因此，在修补砂浆中引入磷酸三丁酯作为消泡剂，减少因聚合物的引气效应和砂浆拌和过程中形成的气泡。

3.1.2
配合比设计

PVA 胶粉改性硫铝酸盐水泥修补砂浆的组成及配合比设计如表 3.1 所示。按照标准 GB/T 17671—2021《水泥胶砂强度检验方法》（IOS 法）设计水泥∶砂∶水 =1∶3∶0.5。随着 PVA 胶粉掺量的增加，为了获得较好的流动性，聚羧酸高效减水剂掺量随之增加。当 PVA 胶粉掺量达到 2.0% 时，对聚羧酸高效减水剂的需求显著增加，导致修补砂浆的成本增加，因此，PVA 胶粉掺量应控制在 0 ~ 1.5% 的范围内。此外，水泥砂浆的流动度与水泥的早期水化有着密切的关系[32]。因此，在修补砂浆中引入柠檬酸作为缓凝剂。同时，普通的抹灰砂浆要求其流动度在 170 ~ 200mm 的范围内[91]。因此，在聚羧酸高效减水剂和柠檬酸的共同作用下，将 PVA 胶粉改性硫铝酸盐水泥修补砂浆的流动度控制在（170±2）mm 范围内，以满足修补工程的需要。

表 3.1　PVA 胶粉改性硫铝酸盐水泥修补砂浆的组成及配合比

试样	水泥 /g	河砂 /g	PVA /%	水 /g	减水剂 /%	缓凝剂 /%	消泡剂 /%	流动度 /mm
空白组	450	1350	0	225	0.30	0.2	0	170±2
0.5%PVA	450	1350	0.5	225	0.40	0.2	0.2	170±2
1.0%PVA	450	1350	1.0	225	0.55	0.2	0.2	170±2
1.5%PVA	450	1350	1.5	225	0.80	0.2	0.2	170±2
2.0%PVA	450	1350	2.0	225	1.75	0.2	0.2	170±2

注：PVA 胶粉及其他外加剂均按硫铝酸盐水泥的质量分数加入。

3.2
砂浆性能

3.2.1
凝结时间

按照标准 JGJ/T 70—2023《建筑砂浆基本性能试验方法》测试 PVA

胶粉改性硫铝酸盐水泥修补砂浆的凝结时间，试验结果如图 3.1 所示。从图 3.1 中可以看出，修补砂浆的凝结时间在 25 ~ 35min 范围内，且随着 PVA 胶粉掺量的增加，凝结时间呈降低的趋势。这主要是由于 PVA 胶粉的吸水性，使修补砂浆变得干硬，随着 PVA 胶粉掺量的增加，砂浆中的水分被 PVA 胶粉吸收，自由水的含量降低，不利于修补砂浆流动度的保持。这使得在修补砂浆凝结时间测试过程中，试针以恒定的速率灌入修补砂浆浆体时，受到的阻力增大，使得测试结果呈现降低的趋势。

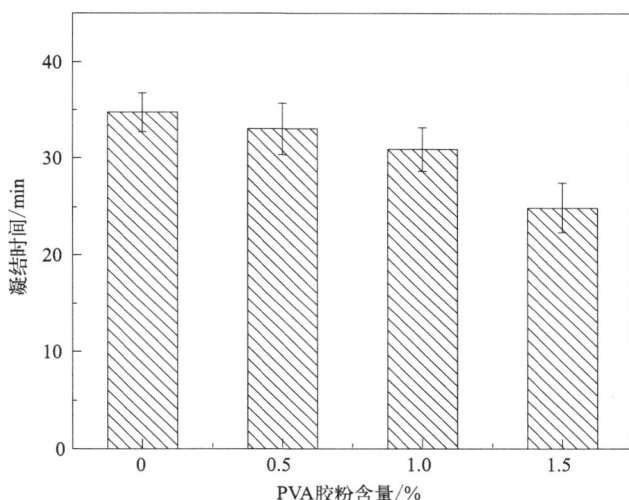

图 3.1　PVA 胶粉改性硫铝酸盐水泥修补砂浆的凝结时间

3.2.2
保水率

　　混凝土路面的吸水性强，修补砂浆中的水分易被其吸收，使水泥无法充分水化，难以与基体结构形成牢固的黏结而导致修补工程的失败。

这就要求修补砂浆需具有较好的保水性能，以保证胶凝材料充分水化。因此，将制备的 PVA 胶粉改性硫铝酸盐水泥修补砂浆按照标准 JGJ/T 70—2023《建筑砂浆基本性能试验方法》进行保水性试验。图 3.2 给出了 PVA 胶粉改性硫铝酸盐水泥修补砂浆的保水率。由图 3.2 可知，随着 PVA 胶粉掺量的增加，保水率有所提升。1.5%PVA 修补砂浆的保水率为 96.38%，与空白组相比，提高了 5.89%。这是因为 PVA 胶粉吸收了硫铝酸盐水泥修补砂浆中的部分水分，提升了修补砂浆的保水性能[60]。

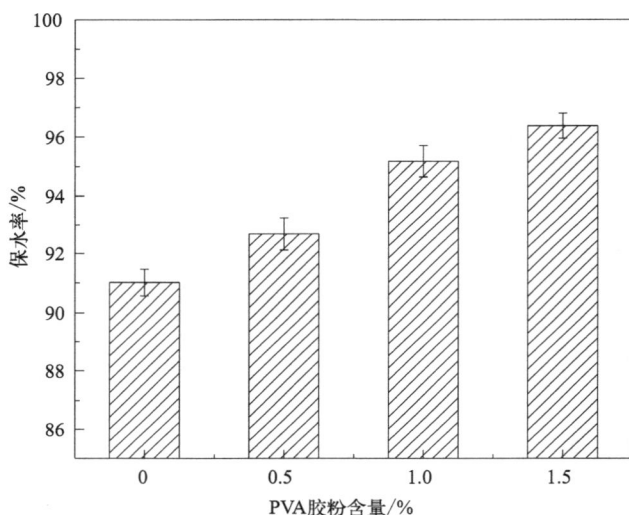

图 3.2　PVA 胶粉改性硫铝酸盐水泥修补砂浆的保水率

3.2.3
塑性黏度和动态屈服应力

　　塑性黏度受浆体内部各组分相互作用力、黏滞力等因素的影响，可以反映浆体的流动性能。动态屈服应力是浆体发生流动时所需最小的剪切应力值，也同样可以反映浆体的流动性能。因此，通过控制速率旋转剪切模式试验，测试了 PVA 胶粉对硫铝酸盐水泥修补砂浆流动性能的影响。图 3.3 给出了 PVA 胶粉对硫铝酸盐水泥修补砂浆塑性黏度和动态屈服应力的影响。图 3.3 中，曲线的斜率表示浆体的塑性黏度；与 y 轴的截距表示浆体的动态屈服应力。

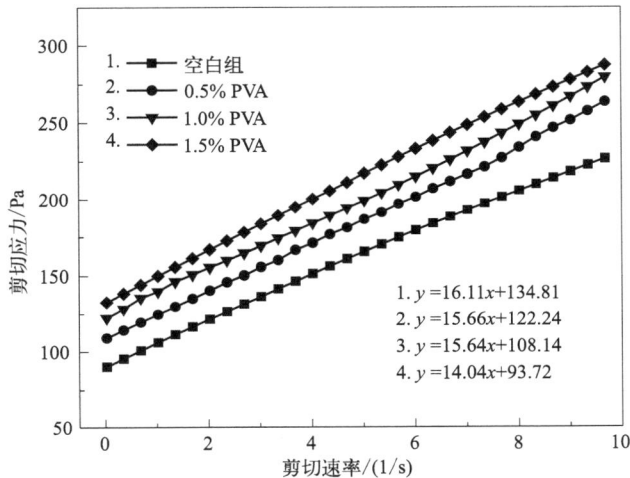

图 3.3　根据 Bingham 模型拟合的 PVA 胶粉改性硫铝酸盐水泥修补砂浆试验结果曲线

　　从图 3.3 中可以看出，随着 PVA 胶粉掺量的增加，硫铝酸盐水泥修补砂浆的塑性黏度和动态屈服应力逐渐增加。1.5%PVA 修补砂浆的塑性黏度为 16.11Pa·s，与空白组相比，提高了 14.74%；动态屈服应力为 134.81Pa，与空白组相比，提高了 43.84%。这可能是以下原因导致的 [49,60,92]：① PVA 胶粉具有吸水性，吸附自由水，降低浆体的流动性，使塑性黏度和动态屈服应力增加；② PVA 胶粉的掺入可增加浆体的黏度，提高各组分之间的黏着力和摩擦力等相互作用力，从而提高塑性黏度和动态屈服应力；③ PVA 胶粉会吸附在水泥颗粒表面，其表面的羟基与氢键产生相互作用，阻碍浆体中胶凝结构的破坏，而增大塑性黏度和动态屈服应力。

3.2.4
抗折强度和抗压强度

根据标准 GB/T 17671—2021《水泥胶砂强度检验方法》（IOS 法）测试 PVA 胶粉改性硫铝酸盐水泥修补砂浆的抗折强度和抗压强度。图 3.4 给出了 PVA 胶粉改性硫铝酸盐水泥修补砂浆的抗折强度和抗压强度。水化龄期为 6h 时，随着 PVA 胶粉掺量的增加，抗折强度和抗压强度均呈下降趋势。这可能是以下原因导致的：① PVA 胶粉抑制了硫铝酸钙的早期水化，而降低了力学强度；②水化龄期为 6h 时，PVA 胶粉未能形成薄膜，以缺陷的形式存在于水泥颗粒与水泥水化产物之间，削弱了水化产物之间的黏结作用，导致力学性能下降；③在 6h 的水化龄期内，聚羧酸减水剂对硫铝酸钙的水化有抑制作用，降低了水化产物的数量[86]。

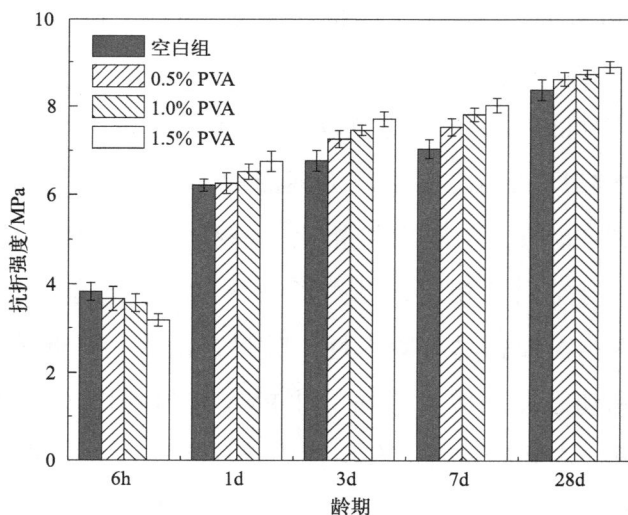

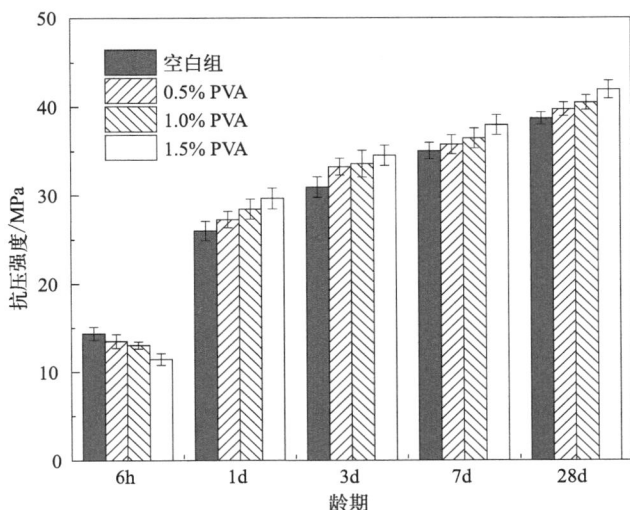

图 3.4　PVA 胶粉改性硫铝酸盐水泥修补砂浆的强度

　　水化龄期为 1d、3d、7d 和 28d 时，0.5%PVA、1.0%PVA 和 1.5%PVA 修补砂浆的抗折强度和抗压强度均超过空白组。1.5%PVA 修补砂浆的 28d 抗折强度为 8.89MPa，与空白组相比，提升了 6.21%；抗压强度为 41.91MPa，与空白组相比，提升了 8.35%。这可能是以下原因导致的：① PVA 胶粉与水混合后形成的凝胶，填充在硬化砂浆的孔隙和裂缝中，降低了孔隙率，从而改善了力学性能；② PVA 胶粉与水化产物的离子发生反应，增强了水泥、聚合物以及水化产物之间的键合作用，从而改善了力学性能。

3.2.5
孔隙结构

　　一般而言，在砂浆拌和过程中会形成小气泡，在振实过程中，这些气泡会逐渐合并形成更大的气泡，上升到砂浆表面并破裂。但是，由于 PVA 胶粉的黏性、表面活性和引气作用，使硫铝酸盐水泥修补砂浆在拌和过程中引入了更多的气泡，并且由于 PVA 胶粉的黏性而稳定存在于修补砂浆浆体中，难以消除[84,90]。因此，引入磷酸三丁酯作为消泡剂，减少修补砂浆中的气泡。通常，水泥材料的孔径按直径可分为凝胶孔（ ≤ 10nm）、过渡孔（10 ~ 100nm）、毛细孔（100 ~ 1000nm）和大孔（ ≥ 1000nm）四类[93]。为了研究 PVA 胶粉对硫铝酸盐水泥修补砂浆孔隙结构的影响，使用压汞法测试了空白组、0.5%PVA、1.0%PVA 和 1.5%PVA 掺量的硫铝酸盐水泥修补砂浆水化龄期为 28d 的孔径分布和累积孔隙，结果如图 3.5 所示。

通过分析修补砂浆的孔径分布图发现，PVA 胶粉对胶凝孔和过渡孔的作用并不明显；但是，在消泡剂的作用下，随着 PVA 胶粉掺量的增加，修补砂浆中大孔的数量有所降低，PVA 胶粉可细化孔隙结构而提升修补砂浆的性能。这可能是由于 PVA 胶粉与水混合后形成凝胶，以及聚合物胶粉的填充效应，填充了这些孔隙、裂缝[57,94]；聚合物膜可使水泥矿物和水化产物更加紧密地结合在一起，形成具有更高致密度和力学性能的整体结构。

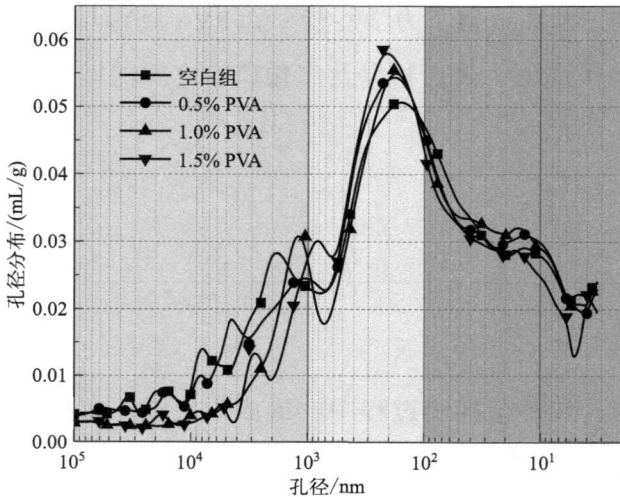

混凝土路面
修补加固砂浆

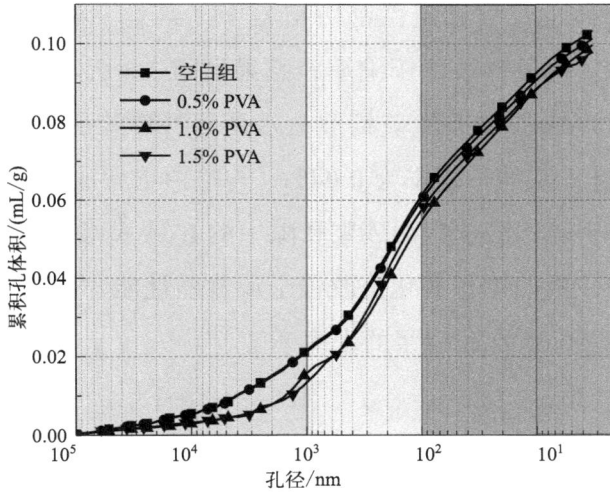

图 3.5　PVA 胶粉改性硫铝酸盐水泥修补砂浆的孔径分布和累计孔体积

通过分析 PVA 胶粉对硫铝酸盐水泥修补砂浆累计孔隙图发现，PVA 胶粉降低了硫铝酸盐水泥修补砂浆的孔隙率，与空白组相比，1.5%PVA 修补砂浆孔隙率降低了 5.36%。这可能是因为 PVA 胶粉与水混合形成凝胶，填充了部分大孔孔隙，而使 PVA 胶粉改性硫铝酸盐水泥修补砂浆的孔隙率降低。这印证了 PVA 胶粉对硫铝酸盐水泥修补砂浆抗折强度和抗压强度的改善作用。

3.2.6
干缩率

因水分散失而引起的干燥收缩，是修补砂浆的一项关键指标。收缩变形大，修补砂浆容易发生脱落。一般而言，路面表层结构的修补，尤其是由混凝土浇筑而成的路面结构，经常使用砂浆置换补强的方法进行修补加固 [95]。这会在修补砂浆与基体结构之间形成界面过渡区，使修补效果与修补砂浆的尺寸稳定性密切相关[96]。因此，测试了 PVA 胶粉改性硫铝酸盐水泥修补砂浆的干缩率，结果如图 3.6 所示。随着 PVA 胶粉掺量的增加，PVA 胶粉改性硫铝酸盐水泥修补砂浆的干缩率有所降低，1.5% PVA 修补砂浆的干缩率为 0.04%，与空白组相比，降低了 36.51%。这说明，存在于硫铝酸盐水泥砂浆孔隙中的 PVA 薄膜，能降低砂浆内部的应力，限制砂浆的体积变化，改善干燥收缩性能[65]。此外，也有研究表明，聚合物能降低水泥砂浆的干缩率[52,97]。

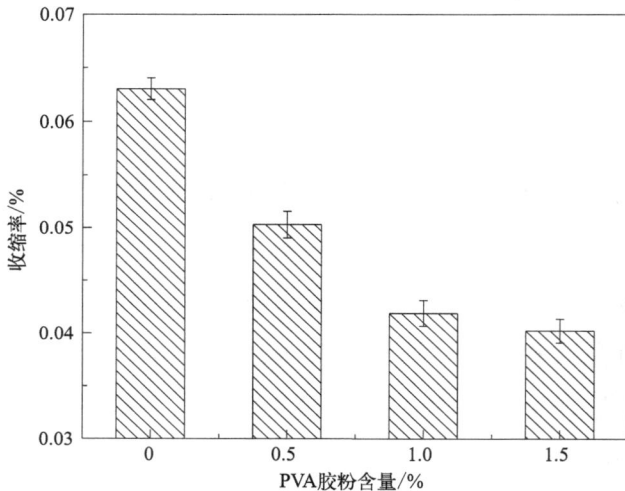

图 3.6　PVA 胶粉改性硫铝酸盐水泥修补砂浆的干缩率

3.2.7
黏结性能

对于修补砂浆而言，最重要的性能是与基体结构的黏结强度，这能直观地反映修补效果的好坏。测试了 PVA 胶粉改性硫铝酸盐水泥修补砂浆与混凝土路面的拉伸黏结强度，与普通硅酸盐水泥砂浆的拉伸黏结强度。本书介绍的修补砂浆黏结性能主要包括修补砂浆与基体结构的拉伸黏结强度和界面弯拉强度。拉伸黏结强度试验和界面弯拉强度试验均参照标准 JC/T 2381—2016《修补砂浆》进行测试。此外，还使用扫描电子显微镜观察了修补砂浆与混凝土路面之间的界面过渡区[98-100]。

（1）拉伸黏结强度

根据标准测定了 PVA 胶粉改性硫铝酸盐水泥修补砂浆与混凝土路面的拉伸黏结强度，结果如图 3.7 所示。在所有测试的水化龄期（1d、3d、7d、14d 和 28d），随着 PVA 胶粉掺量的增加，拉伸黏结强度有所增加。水化龄期为 14d 时，修补砂浆与混凝土路面之间的拉伸黏结强度最低为 1.93MPa，可满足 JC/T 2381—2016《修补砂浆》中对刚性修补砂浆的要求（14d 拉伸黏结强度 ≥ 1.00MPa）。水化龄期为 28d 时，1.5%PVA 修补砂浆与混凝土路面之间的拉伸黏结强度为 2.75MPa，与空白组相比，提高了 27.31%。因此，PVA 胶粉可以增强硫铝酸盐水泥修补砂浆与混凝土路面之间的拉伸黏结强度。这得益于 PVA 胶粉的黏性，改善了修补砂浆的黏度，提高了界面黏结性能。前人研究也发现 PVA 胶粉可以提高普通硅酸盐水泥砂浆与基体结构的黏结强度[60]，可提高磷酸镁水泥与基体结构的黏结强度[61]。这可能是因为 PVA 胶粉与修补砂浆和基体结构中的离子发生键合作用，使两者紧密结合，从而提高了拉伸黏结强度。

混凝土路面具有较强的吸水性，对于未润湿处理的混凝土路面，修补砂浆容易失水而脱落，导致试验失败。因此，润湿处理是必不可少的。经润湿处理的断面得到了明显的改善，而未经润湿处理的试块在测试时，修补砂浆轻轻触碰就会发生脱落，黏结效果差。这也可说明，PVA 胶粉能提高硫铝酸盐水泥修补砂浆与混凝土路面的拉伸黏结强度。

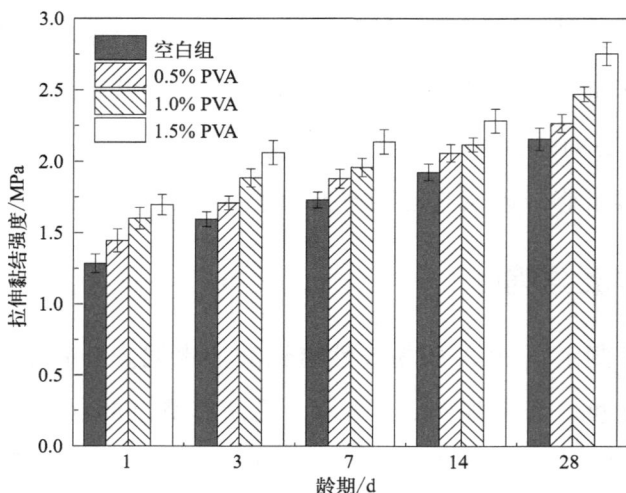

图 3.7　PVA 胶粉改性硫铝酸盐水泥修补砂浆与混凝土路面的拉伸黏结强度

　　根据标准测定了 PVA 胶粉改性硫铝酸盐水泥修补砂浆与普通硅酸盐水泥砂浆之间的拉伸黏结强度，结果如图 3.8 所示。在所有测试的水化龄期，随着 PVA 胶粉掺量的增加，拉伸黏结强度有所增加。水化龄期为28d 时，1.5%PVA 修补砂浆与普通硅酸盐水泥砂浆之间的拉伸黏结强度为 0.73MPa，与空白组相比，提高了 14.06%。因此，PVA 胶粉可以增强硫铝酸盐水泥修补砂浆与普通硅酸盐水泥砂浆之间的拉伸黏结强度。这得益于 PVA 胶粉的黏性，改善了硫铝酸盐水泥修补砂浆的黏结性能。前人研究也发现 PVA 胶粉可以提高普通硅酸盐水泥砂浆与基体结构的黏结强度[60]，提高磷酸镁水泥与基体结构的黏结强度[61]。这可能是因为修补砂浆和普通硅酸盐水泥砂浆基体发生键合反应，结合得更加紧密，从而提高了拉伸黏结强度。

　　但是，相比于混凝土路面基体，PVA 胶粉改性硫铝酸盐水泥修补砂浆与普通硅酸盐水泥砂浆之间的拉伸黏结强度较低。这可能是由于普通硅酸盐水泥砂浆的表面的过于光滑，修补砂浆与普通硅酸盐水泥砂浆难

混凝土路面
修补加固砂浆

以形成强力的黏结。因此，对普通硅酸盐水泥砂浆的黏结界面进行处理（如图 2.7 所示），增大修补砂浆与普通硅酸盐水泥砂浆的接触面积和界面粗糙度。

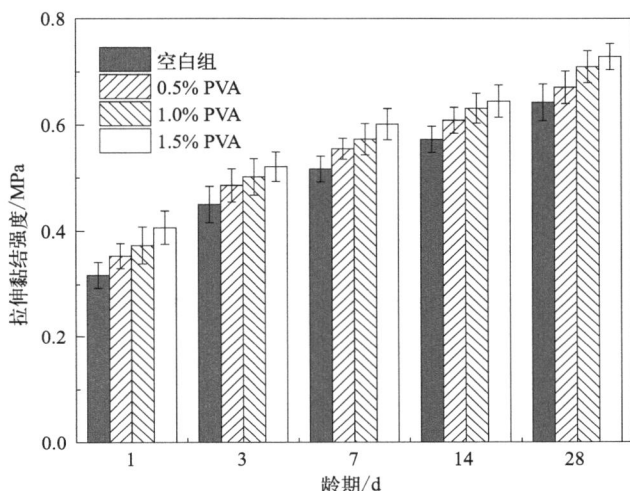

图 3.8　PVA 胶粉改性硫铝酸盐水泥修补砂浆与普通硅酸盐水泥砂浆的拉伸黏结强度

根据标准测定了 PVA 胶粉改性硫铝酸盐水泥修补砂浆与界面处理过普通硅酸盐水泥砂浆之间的拉伸黏结强度，结果如图 3.9 所示。在所有测试的水化龄期，随着 PVA 胶粉掺量的增加，拉伸黏结强度有所增加。水化龄期为 28d 时，1.5%PVA 修补砂浆与普通硅酸盐水泥砂浆之间的拉伸黏结强度为 1.10MPa，与空白组相比，提高了 14.58%。水化龄期为 28d 时，与未处理的试样相比，1.5%PVA 修补砂浆与普通硅酸盐水泥砂浆之间的拉伸黏结强度提高了 50.68%。这得益于对普通硅酸盐水泥砂浆黏结界面的处理，增大了黏结面积和黏结面的粗糙度，修补砂浆与基体块之间的黏结力得以提升，从而提高了拉伸黏结强度[60]。

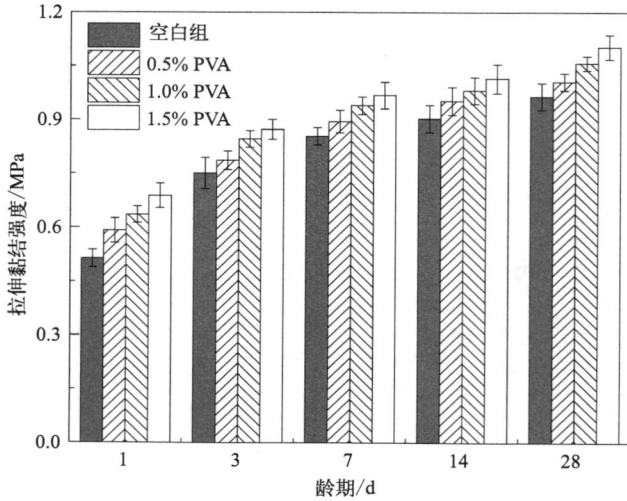

图 3.9　PVA 胶粉改性硫铝酸盐水泥修补砂浆与界面处理过普通硅酸盐水泥
砂浆的拉伸黏结强度

（2）界面弯拉强度

界面弯拉强度试验也是表征修补砂浆黏结性能的有效方式之一。也有研究通过拉伸黏结强度和界面弯拉强度来表征修补材料与基体结构的黏结性能[101]。因此，根据标准测定了 PVA 胶粉改性硫铝酸盐水泥修补砂浆与普通硅酸盐水泥砂浆之间的界面弯拉强度，结果如图 3.10 所示。在所有测试的水化龄期，随着 PVA 胶粉掺量的增加，界面弯拉强度有所增加。水化龄期为 28d 时，1.5%PVA 修补砂浆与普通硅酸盐水泥砂浆之间的界面弯拉强度为 3.46MPa，与空白组相比，提高了 22.26%。因此，PVA 胶粉可以增强硫铝酸盐水泥修补砂浆与普通硅酸盐水泥砂浆之间的界面弯拉强度。这得益于 PVA 胶粉的黏性，改善了硫铝酸盐水泥修补砂浆的黏结性能。

对普通硅酸盐水泥砂浆的黏结界面进行处理（如图 2.8 所示），并根据标准测定了 PVA 胶粉改性硫铝酸盐水泥修补砂浆与界面处理过普通硅

　混凝土路面
修补加固砂浆

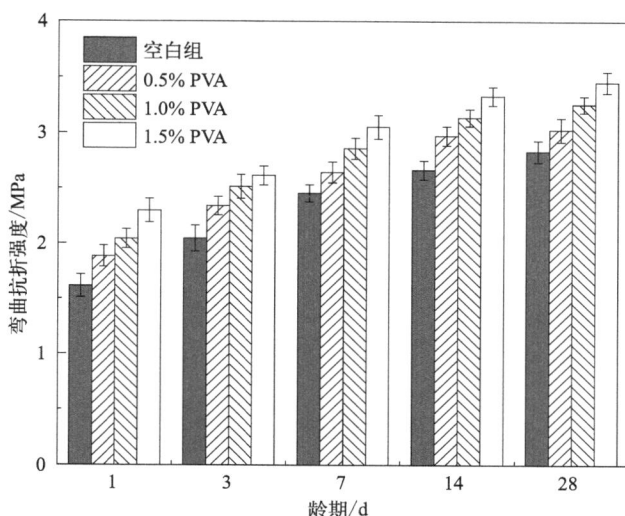

图 3.10　PVA 胶粉改性硫铝酸盐水泥修补砂浆与普通硅酸盐水泥砂浆的界面弯拉强度

酸盐水泥砂浆之间的界面弯拉强度，结果如图 3.11 所示。在所有测试的水化龄期，随着 PVA 胶粉掺量的增加，界面弯拉强度有所增加。水化龄期为 28d 时，1.5%PVA 修补砂浆与普通硅酸盐水泥砂浆之间的界面弯拉强度为 4.70MPa，与空白组相比，提高了 17.50%。并且，相比于未进行界面处理的试验结果，进行界面处理后，修补砂浆与普通硅酸盐水泥砂浆之间的界面弯拉强度更高。水化龄期为 28d 时，与未处理的试样相比，1.5%PVA 修补砂浆与普通硅酸盐水泥砂浆之间的界面弯拉强度提高了 35.84%。这得益于对普通硅酸盐水泥砂浆黏结界面的处理，黏结面粗糙度增大的同时，PVA 胶粉改性硫铝酸盐水泥修补砂浆与普通硅酸盐水泥砂浆的接触面积也随之增大，黏结力得以提升，从而提高了界面弯拉强度[60,102]。

（3）界面过渡区

修补砂浆与原基体结构之间的界面过渡区是试样的薄弱区域，破坏容易发生在此区域。此区域是否形成良好的黏结，直接决定了黏结强度的大小。因此，按照标准制备 PVA 胶粉改性硫铝酸盐水泥修补砂浆拉伸黏结强度试样，养护 28d 后，使用扫描电子显微镜观察修补砂浆与混凝土路面之间的界面过渡区，照片如图 3.12 所示。

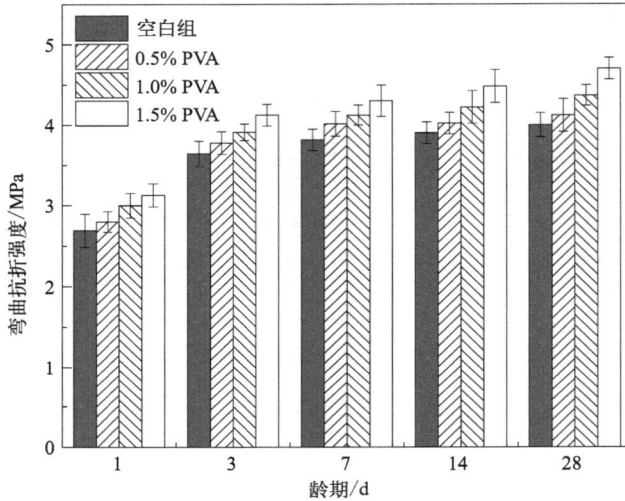

图 3.11　PVA 胶粉改性硫铝酸盐水泥修补砂浆与界面处理过普通硅酸盐水泥砂浆的界面弯拉强度

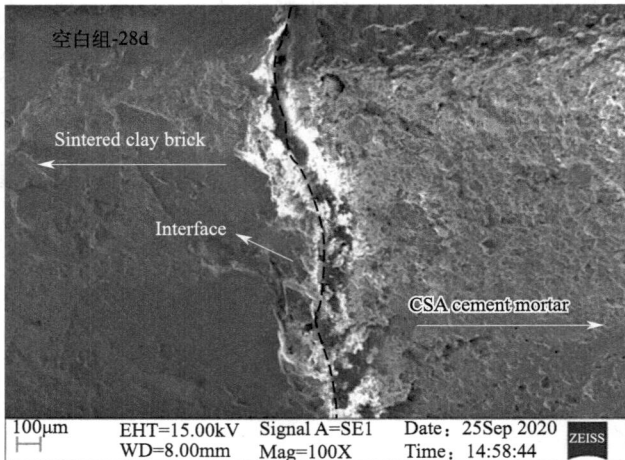

(a)

　混凝土路面
修补加固砂浆

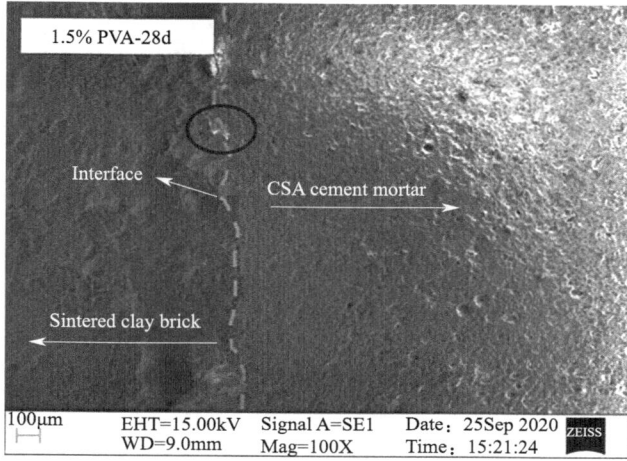

(b)

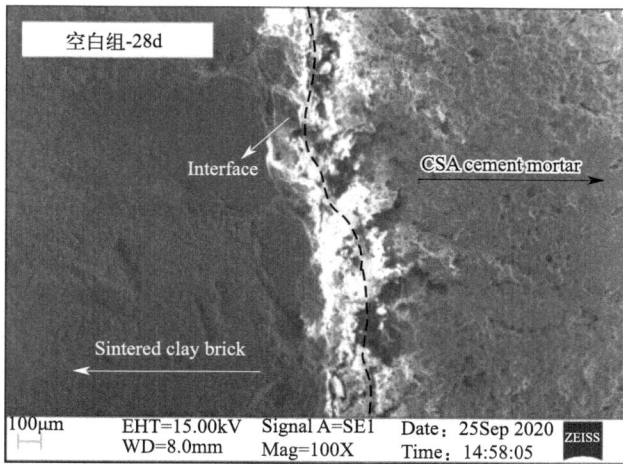

(c)

图 3.12

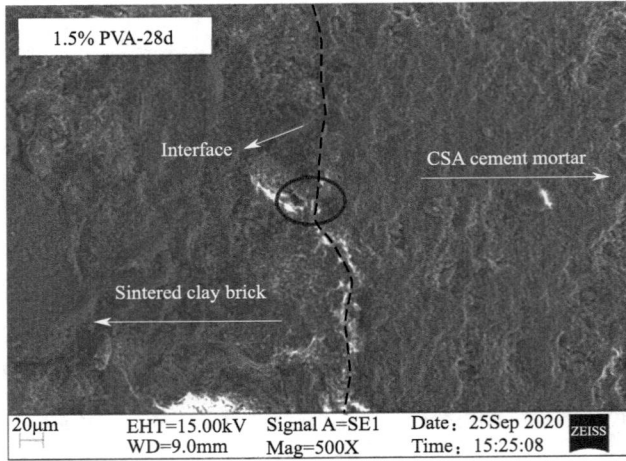

(d)

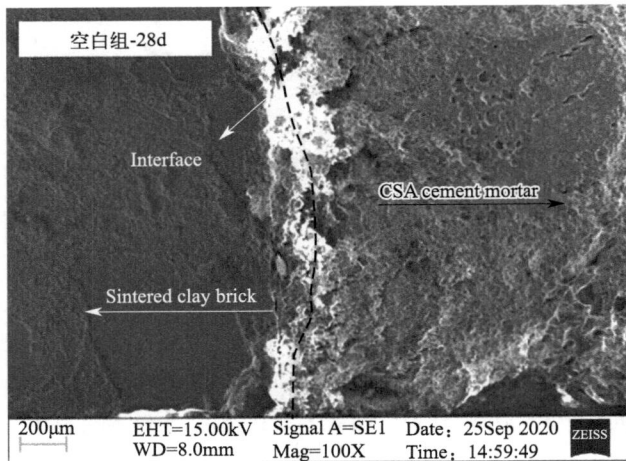

(e)

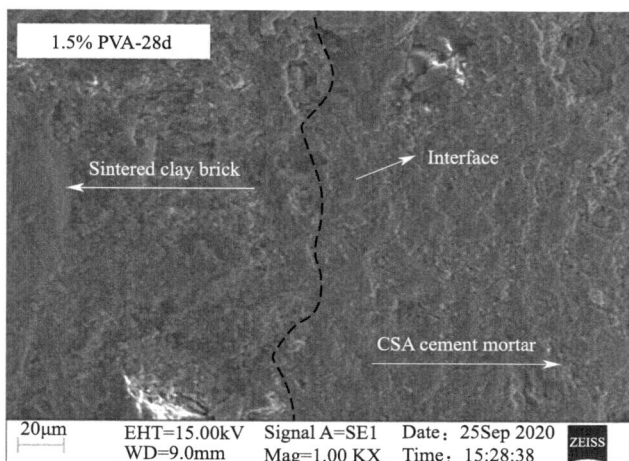

图 3.12　PVA 胶粉改性硫铝酸盐水泥修补砂浆（CSA cement mortur）与混凝土
路面（Sintered clay brick）之间的界面（Interface）过渡区

图 3.12（a）~（c）三张照片（100 倍）是切割出的空白组修补砂浆与混凝土路面试样完整的界面过渡区。从图中可以看出，空白组修补砂浆与混凝土路面之间的整个界面过渡区存在明显的空隙。图 3.12(d)~(f)三张照片(自上至下依次 100 倍、500 倍、1000 倍,圆圈区域为放大区域)是 1.5%PVA 修补砂浆与混凝土路面试样的界面过渡区。首先，在 100 倍下观察，未观察到明显的空隙，选择疑似为空隙的光亮处（圆圈区域）放大；在 500 倍下观察，亦未观察到明显的空隙，选择疑似为空隙的光亮处（圆圈区域）放大；在 1000 倍下观察，依旧未观察到明显的空隙。

空白组修补砂浆与混凝土路面之间的界面过渡区存在明显的空隙。这可能是以下原因导致的：①混凝土路面吸水率高，空白组修补砂浆中的水分被吸收，而 1.5%PVA 修补砂浆因 PVA 胶粉的存在，保水率有所提升，水化产物在界面过渡区中得以生长，界面过渡区更加致密；②这可能是由于壁效应，游离水更容易聚集在修补砂浆与混凝土路面之间的界面附近，修补砂浆固化后，在界面过渡区形成多孔结构[103-104]。而在1.5%PVA修补砂浆中，由于PVA胶粉适宜的黏性和保水性，壁效应有所降低[57]；③也有文献表明PVA颗粒会在界面聚集，填充界面处的毛细孔，提高界面的致密性[57,61,94]。因此，PVA胶粉可以使修补砂浆与基体结构紧密黏结。这为PVA胶粉增强硫铝酸盐水泥修补砂浆的拉伸黏结强度提供了依据。

3.2.8
防水抗渗性能

混凝土路面吸水率高，这对其表层砂浆的防水抗渗性能要求更高。因此，将制备的PVA胶粉改性硫铝酸盐水泥修补砂浆的抗渗压力、吸水率、吸水高度等防水抗渗性能进行测试。

（1）抗渗压力

按照标准JGJ/T 70—2023《建筑砂浆基本性能试验方法》，对制备的PVA胶粉改性硫铝酸盐水泥修补砂浆的抗渗压力进行了测试。图3.13为PVA胶粉改性硫铝酸盐水泥修补砂浆的抗渗压力。

由图可知，随着PVA胶粉掺量的增加，水化1d、3d、7d和28d的PVA胶粉改性硫铝酸盐水泥修补砂浆的抗渗压力显著增加。1.5%PVA修补砂浆3d的抗渗压力可达4.0MPa，而空白组修补砂浆28d的抗渗压力为3.6MPa。由于仪器的测试上限为4.0MPa，所以达到上限后无法进行测试。这说明PVA胶粉掺入到砂浆体系中，在砂浆固化后，填充在孔隙中的PVA胶粉成膜，有效地阻止了水分在砂浆内部的扩散，而提高了PVA胶粉改性硫铝酸盐水泥修补砂浆的抗渗压力。此外，也有可能是因为PVA胶粉填充到砂浆孔隙中，提高了修补砂浆的致密度而提升了抗渗

混凝土路面
修补加固砂浆

压力[105-106]。抗渗压力的大幅提升表明 PVA 胶粉使得硫铝酸盐水泥修补砂浆的防水抗渗性能得到了很大程度的提高。

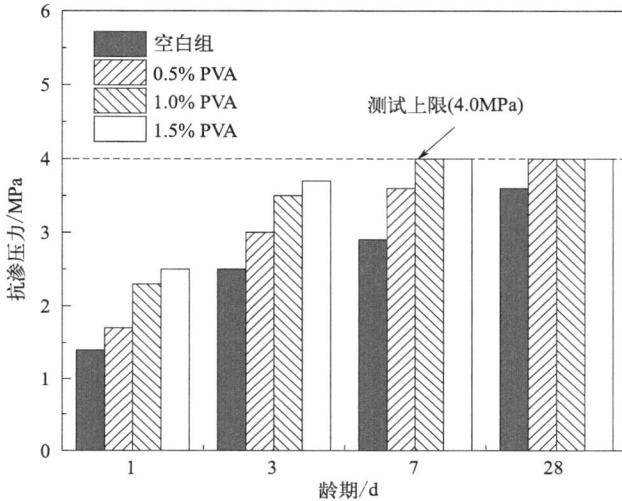

图 3.13　PVA 胶粉改性硫铝酸盐水泥修补砂浆的抗渗压力

（2）吸水率

混凝土路面表层的砂浆能防止水的渗入，而提高结构的耐久性[35]。建筑砂浆的吸水率也能在一定程度上反映其防水抗渗性能。因此，按照标准 JGJ/T 70—2023《建筑砂浆基本性能试验方法》，对制备的 PVA 胶粉改性硫铝酸盐水泥修补砂浆的吸水率进行了测试，结果如图 3.14 所示。

从图中吸水率的变化可知，试样在标准养护 1d、3d、7d 和 28d 后，硬化浆体结构变得更加致密，吸水率也逐渐降低。1.5%PVA 修补砂浆28d 的吸水率为 3.47%，与空白组相比，降低了 20.03%。PVA 胶粉填充在硬化砂浆浆体的孔隙中，形成聚合物膜。这可减少 PVA 胶粉改性硫铝酸盐水泥修补砂浆中连通孔的数量，阻止水分的渗入，使修补砂浆的吸水率降低[35]。随着 PVA 胶粉掺量的增加，形成的聚合物膜逐渐增多，吸水率降低幅度逐渐增大。吸水率的降低也表明 PVA 胶粉能够改善硫铝酸盐水泥修补砂浆的防水抗渗性能。

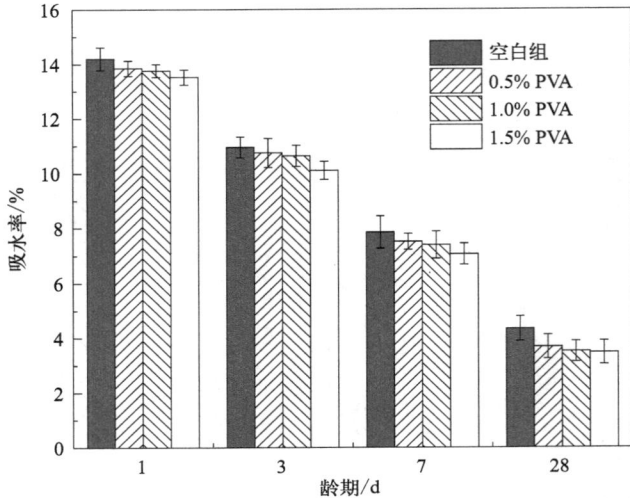

图 3.14　PVA 胶粉改性硫铝酸盐水泥修补砂浆的吸水率

（3）吸水高度

将标准养护 1d、3d、7d 和 28d 的 PVA 胶粉改性硫铝酸盐水泥修补砂浆试样下端浸入水中 5mm，浸水 48h 后，测试吸水高度。图 3.15 为 PVA 胶粉改性硫铝酸盐水泥修补砂浆在水中浸泡后的吸水高度。

由图 3.15 可知，随着 PVA 胶粉掺量的增加，硫铝酸盐水泥修补砂浆的吸水高度逐渐降低。1.5%PVA 修补砂浆 28d 的吸水高度为 21mm，与空白组相比，降低了 42.47%。这主要是因为 PVA 胶粉在硫铝酸盐水泥硬化砂浆的孔隙中成膜后，能够有效阻碍水分的扩散[105]，使修补砂浆的吸水高度降低。也有研究发现，聚合物的掺入能降低硫铝酸盐水泥的渗透高度[106]。此外，通过对比标准养护 1d、3d、7d 和 28d 试样的吸水高度发现，随着标准养护龄期的增长，吸水高度呈降低的趋势。这是因为随着水化龄期的增加，水化产物的增多，砂浆的致密性增加，孔隙率降低，砂浆吸收的水分也逐渐减少。吸水高度的降低也表明PVA胶粉能够改善硫铝酸盐水泥修补砂浆的防水抗渗性能。

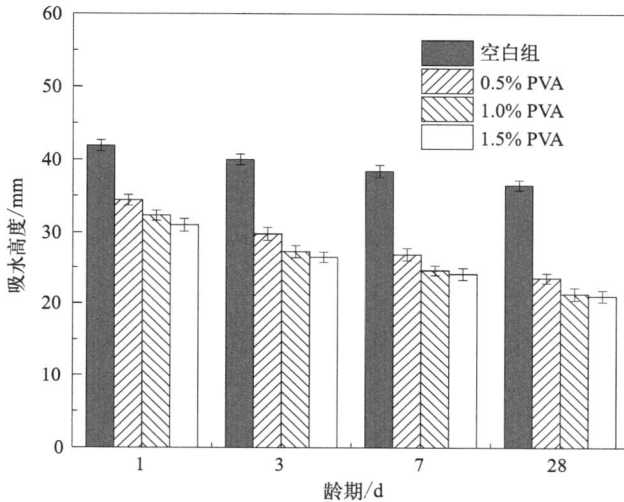

图 3.15　PVA 胶粉改性硫铝酸盐水泥修补砂浆的吸水高度

3.3
本章小结

① 在减水剂、消泡剂及缓凝剂的作用下，PVA 胶粉在硫铝酸盐水泥砂浆中的最佳掺量为水泥质量的 1.5%。PVA 胶粉改性硫铝酸盐水泥修补砂浆的最佳组成为：PVA 胶粉掺量 1.5%、减水剂掺量 0.8%、消泡剂和

缓凝剂掺量 0.2%。

② PVA 胶粉会使修补砂浆变得干硬而缩短砂浆的凝结时间，1.5%PVA 修补砂浆凝结时间在 25min 左右，能满足施工操作的需求；PVA 胶粉可提高修补砂浆的保水率，1.5%PVA 修补砂浆的保水率为 96.38%，提高了 5.89%；PVA 胶粉可改善修补砂浆的干燥收缩，1.5% PVA 修补砂浆的干缩率为 0.04%，降低了 36.51%。

③ PVA 胶粉可提高修补砂浆的塑性黏度和动态屈服应力，降低修补砂浆的流动性能，并随着 PVA 胶粉掺量的增加，修补砂浆流动性逐渐降低，需增加减水剂掺量，使其流动度在（170±2）mm 范围内。1.5%PVA 修补砂浆的塑性黏度为 16.11Pa·s，提高了 14.74%；动态屈服应力为 134.81Pa，提高了 43.84%。

④ 在消泡剂的作用下，PVA 胶粉可减少修补砂浆大孔孔径，细化孔隙结构，降低孔隙率，1.5%PVA 修补砂浆孔隙率降低了 5.36%。并且，当水化龄期超过 1d 时，PVA 胶粉可在砂浆内部成膜，增强修补砂浆各组分之间的黏结力，提高力学性能。1.5%PVA 修补砂浆 28d 的抗折强度为 8.89MPa，提升了 6.21%；28d 抗压强度为 41.91MPa，提升了 8.35%。

⑤ PVA 胶粉可优化修补砂浆与混凝土路面基体的界面过渡区，提高修补砂浆的界面黏结性能。1.5%PVA 修补砂浆与混凝土路面的 28d 拉伸黏结强度为 2.75MPa，提升了 27.31%。此外，不同的基体结构有不同的修补效果，修补砂浆与原基体结构强度相匹配，可获得更高的黏结强度；1.5%PVA 修补砂浆与普通硅酸盐水泥砂浆的 28d 拉伸黏结强度为 0.73MPa，提升了 14.06%；1.5%PVA 修补砂浆与普通硅酸盐水泥砂浆的 28d 界面弯拉强度为 3.46MPa，提升了 22.26%。

⑥ 黏结界面粗糙度大，修补砂浆与原基体结构的接触面积增加，也可获得更高的黏结强度。经过界面处理后，1.5%PVA 修补砂浆与普通硅

酸盐水泥砂浆的 28d 拉伸黏结强度为 1.10MPa，提升了 50.68%；1.5%PVA 修补砂浆与普通硅酸盐水泥砂浆的 28d 界面弯拉强度为 4.70MPa，提升了 35.84%。

⑦ 存在于砂浆孔隙中的 PVA 胶粉可形成薄膜，减少连通孔的数量，阻滞水分在硬化浆体中的传输，提高防水抗渗性能。1.5%PVA 修补砂浆 3d 的抗渗压力可达 4.0MPa，空白组修补砂浆 28d 的抗渗压力为 3.6MPa；1.5%PVA 修补砂浆 28d 的吸水率为 3.47%，降低了 20.03%；1.5%PVA 修补砂浆 28d 的吸水深度为 21mm，降低了 42.47%。

第四章

PVA 胶粉对硫铝酸盐水泥水化的影响

硫铝酸盐水泥的主要力学性能是由硫铝酸钙矿物的水化产物提供，PVA 胶粉引入硫铝酸盐水泥砂浆后，会影响硫铝酸钙矿物的水化，从而影响其性能。因此，本章将研究 PVA 胶粉改性硫铝酸盐水泥净浆的凝结时间、水化放热速率及累积放热量、水化产物组成、水化液相离子浓度和 pH 值以及 PVA 胶粉与硫铝酸盐水泥水化产物以及混凝土路面粉末之间的化学键合，以探究 PVA 胶粉对硫铝酸盐水泥水化的影响，进而明确 PVA 胶粉改善硫铝酸盐水泥修补砂浆性能的机理。

4.1

水泥净浆凝结时间

硫铝酸盐水泥的凝结时间与水泥矿物硫铝酸钙的初始水化及水化产物 AFt 和 Al(OH)₃ 凝胶的形成有密切的关系[107-109]。图 4.1 为 PVA 胶粉对硫铝酸盐水泥净浆初凝时间和终凝时间的影响。随着 PVA 胶粉掺量的增加，初凝时间和终凝时间都得到明显延长。其原因可能是：PVA 胶粉颗粒吸附在硫铝酸盐水泥颗粒表面，阻碍了水泥矿物（硫铝酸钙、石膏和硅酸二钙等）的溶解和水化，并抑制了主要水化产物 AFt 和 Al(OH)₃ 凝胶的生成，进而延长了凝结时间[61-62]。

不添加 PVA 胶粉的硫铝酸盐水泥净浆的初凝时间只有 18min，终凝时间也只有 26min，不足以满足结构修复的需要。因此，需要在硫铝酸盐水泥中加入缓凝剂，以延长其凝结时间。与空白组试样相比，1.5%PVA 水泥净浆试样的初凝时间为 32.3min，延长了 79.44%；终凝时间为 47.3min，延长了 81.92%。这为修补施工提供了更多的操作时间，便于混凝土路面的修补施工。

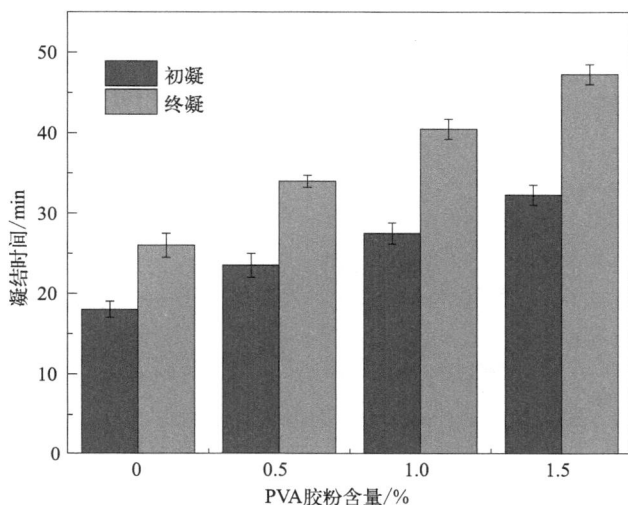

图 4.1　PVA 胶粉对硫铝酸盐水泥净浆凝结时间的影响

4.2
XRD分析

加水搅拌后，PVA 胶粉溶解，其大分子颗粒吸附在硫铝酸盐水泥颗粒表面，不可避免地影响硫铝酸盐水泥的早期水化和凝结时间。因此，为了研究 PVA 胶粉对硫铝酸盐水泥在 1h 内水化的影响，将空白组、0.5%PVA、1.0%PVA 和 1.5%PVA 硫铝酸盐水泥在 3min、5min、15min、30min 和 60min 的水化样品进行 XRD 分析，测试结果如图 4.2 所示。

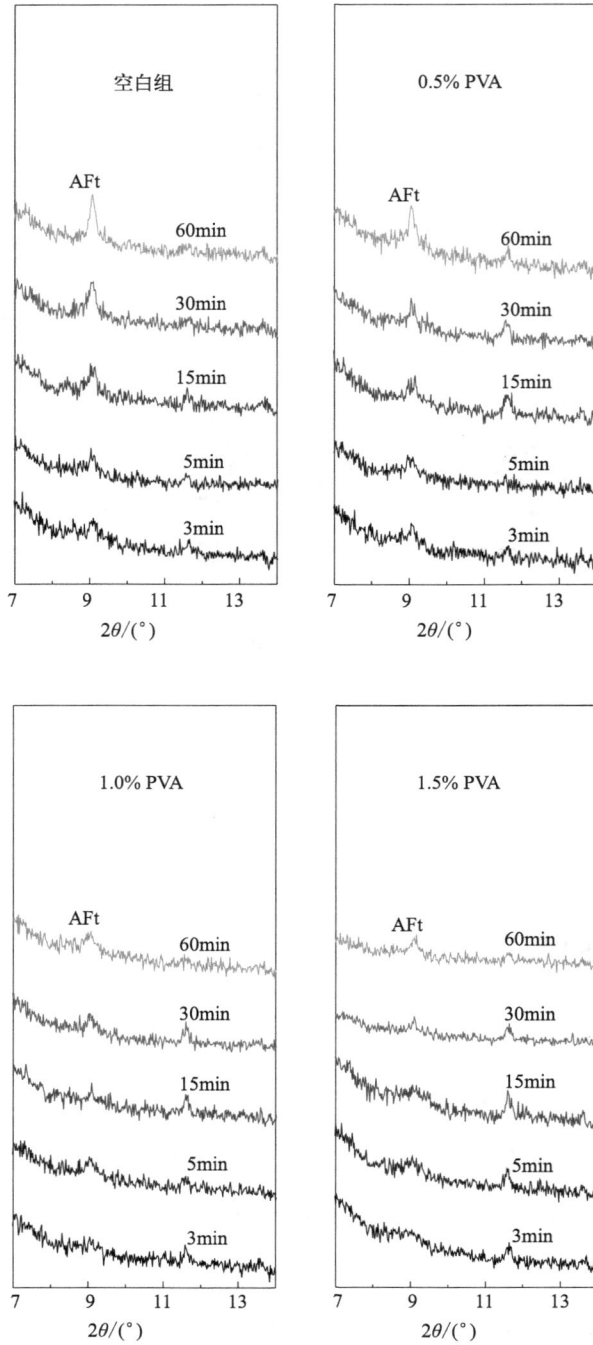

图 4.2 硫铝酸盐水泥 3 ~ 60min 水化样品的 XRD 图谱

从图中可以看出，空白组、0.5%PVA 和 1.0%PVA 的硫铝酸盐水泥水化样品在 3min 时可以观察到水化产物 AFt 的衍射峰，而 1.5%PVA 水泥水化样品的衍射峰几乎检测不到，这说明 PVA 胶粉抑制了水化产物 AFt 的形成。并且，随着水化时间的增长，空白组水泥水化样品的 AFt 的衍射峰强度明显增加，而 0.5%PVA、1.0%PVA 和 1.5%PVA 的水泥水化样品的衍射峰强度只是略有增加。这说明 PVA 胶粉的存在抑制了硫铝酸钙的早期水化，从而抑制 AFt 与 Al(OH)$_3$ 凝胶的形成，使水化产物网络结构的形成时间延长，宏观表现为 PVA 胶粉延长了硫铝酸盐水泥的凝结时间。

硫铝酸盐水泥在 6h、1d、3d、7d 和 28d 强度增加主要是由于水化产物 AFt 和 Al(OH)$_3$ 凝胶的形成[108]。因此，为了研究了 PVA 胶粉对硫铝酸盐水泥水化和水化产物的影响，将空白组、0.5%PVA、1.0%PVA 和 1.5%PVA 硫铝酸盐水泥在 6h、1d、3d、7d 和 28d 的水化样品进行 XRD 分析，XRD 图谱如图 4.3 所示。

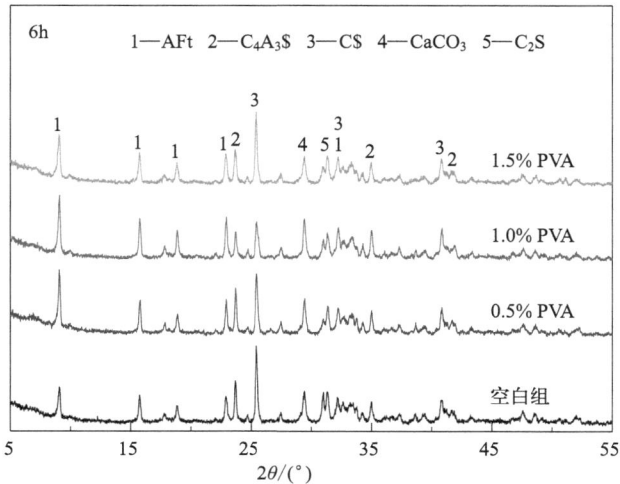

图 4.3

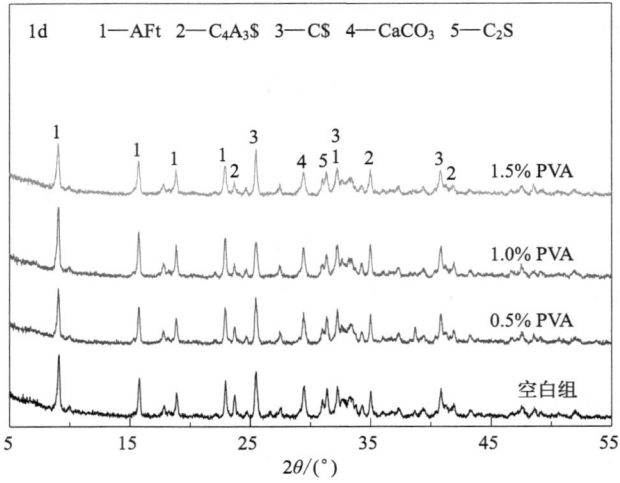

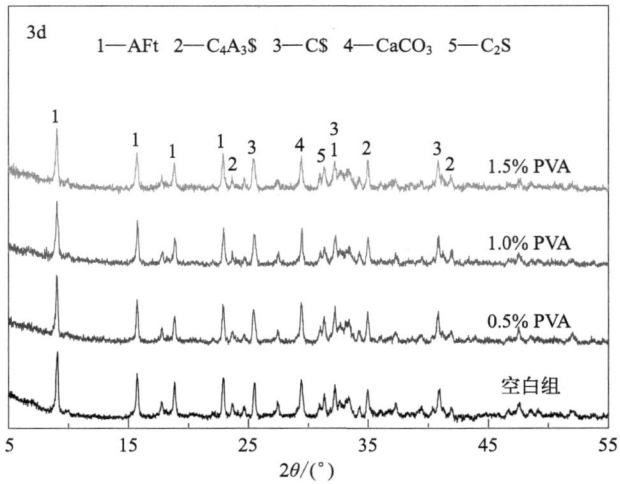

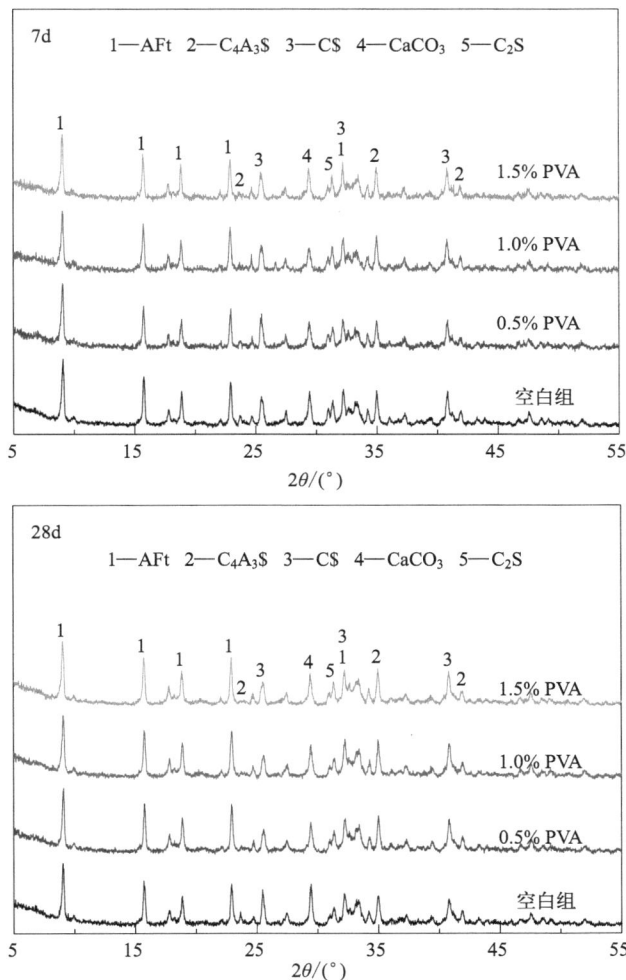

图 4.3　硫铝酸盐水泥 6h ~ 28d 水化样品的 XRD 图谱

在早期水化阶段，硫铝酸盐水泥主要水化过程为水泥矿物硫铝酸钙和石膏溶解、水化而生成水化产物 AFt 和 Al(OH)$_3$ 凝胶 [107-108]。从水化 6h 的 XRD 图谱中可以看出，空白组、0.5%PVA、1.0%PVA 硫铝酸盐水泥水化样品的 AFt 的衍射峰强度呈增大趋势，石膏的衍射峰强度呈减小趋势。但是，当硫铝酸盐水泥中 PVA 胶粉掺量增加到 1.5% 时，AFt 的衍射峰强度降低，石膏的衍射峰强度增加。因此，从促进硫铝酸钙在 6h 水化的角度来看，PVA 胶粉的最佳掺量为 1.0%。

从水化 1d 的 XRD 图谱中可以看出，硫铝酸钙和石膏的衍射峰强度较低，AFt 的衍射峰强度有所增加，通过对比不同 PVA 胶粉掺量水化样品的硫铝酸钙、石膏和 AFt 的衍射峰强度可以得到了与水化 6h 相类似的结论。从水化 3d 的 XRD 图谱中可以看出，空白组、0.5%PVA、1.0%PVA 和 1.5%PVA 硫铝酸盐水泥水化样品的硫铝酸钙、石膏和 AFt 的衍射峰强度几乎相同。这表明，PVA 胶粉对硫铝酸盐水泥水化的促进作用消失。并且，在水化 3d、7d 和 28d 的 XRD 图谱中也可以看出，空白组、0.5%PVA、1.0%PVA 和 1.5%PVA 硫铝酸盐水泥水化样品的硫铝酸钙、石膏和 AFt 的衍射峰强度几乎相同。此外，随着水化龄期的增加，水泥矿物和水化产物的衍射峰强度变化并不明显，硫铝酸盐水泥后期的进化进程较为缓慢，这为修补砂浆早期强度发展迅速而后期强度增长速率放缓提供了解释。硫铝酸钙、石膏和 AFt 的衍射峰强度随 PVA 胶粉掺量增加而发生变化也消失，表明 PVA 胶粉对硫铝酸盐水泥的后期水化影响不大。

4.3
水化热分析

对于硫铝酸盐水泥而言，水化早期的热量释放主要是来自水泥矿物硫铝酸钙的水化作用 [107-109]。因此，水泥的水化放热速率和累积放热量，可以反映硫铝酸盐水泥的水化速率和水化程度。图 4.4 显示了水化 24h 内，空白组、0.5%PVA、1.0%PVA 和 1.5%PVA 硫铝酸盐水泥试样的水化放热速率和累积放热量。

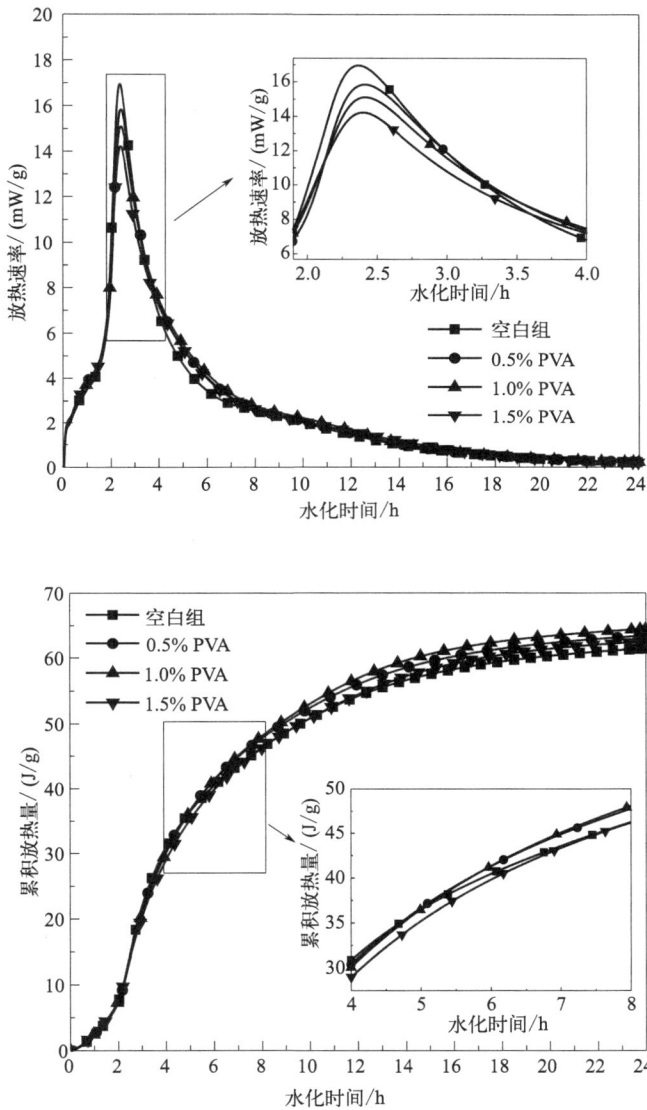

图 4.4　PVA 胶粉对硫铝酸盐水泥的水化放热速率和放热量的影响

从硫铝酸盐水泥水化放热速率曲线图中可以看出，空白组、0.5%

PVA、1.0%PVA 和 1.5%PVA 硫铝酸盐水泥试样的水化放热速率曲线有一个明显的放热峰。水化龄期为 2.4h 时，水化放热速率达到最大值。并且，随着硫铝酸盐水泥中 PVA 胶粉掺量的增加，水化放热速率明显降低，这说明 PVA 胶粉对硫铝酸钙的早期水化有抑制作用。这与 PVA 胶粉改性硫铝酸盐水泥净浆凝结时间的分析一致。这种抑制水化的现象在水化前 3h 比较明显，而在随后的水化进程（3 ~ 3.5h）中，0.5%PVA、1.0%PVA 和 1.5%PVA 硫铝酸盐水泥试样的放热速率逐渐超过了空白组试样。在之后水化进程中，掺有 PVA 胶粉试样的放热速率一直高于空白组试样，在此过程中 PVA 胶粉促进了硫铝酸盐水泥的水化。

从硫铝酸盐水泥水化累积放热量曲线图中可以看出，在水化龄期为 6h 时，0.5%PVA 和 1.0%PVA 硫铝酸盐水泥试样的累积放热量均超过空白组水泥净浆试样，这说明硫铝酸钙的水化得到了促进。因而，在修补砂浆养护 6h 时，PVA 薄膜形成得并不充分，不利于水化产物之间的机械咬合，导致 6h 抗折强度和抗压强度下降。在 24h 的水化龄期中，0.5%PVA、1.0%PVA 和 1.5%PVA 硫铝酸盐水泥试样的累积放热量均超过了空白组水泥净浆试样，这表明掺有 PVA 胶粉的硫铝酸盐水泥中的硫铝酸钙具有较高的水化程度。这与修补砂浆水化 1d 内的抗折强度和抗压强度发展相一致。

4.4
TG-DTG分析

为了进一步说明 PVA 胶粉对硫铝酸盐水泥早期水化的影响，分别将空白组、0.5%PVA、1.0%PVA 和 1.5%PVA 硫铝酸盐水泥在 6h、1d 和 3d 的水化样品进行 TG-DTG 分析，曲线如图 4.5 所示。

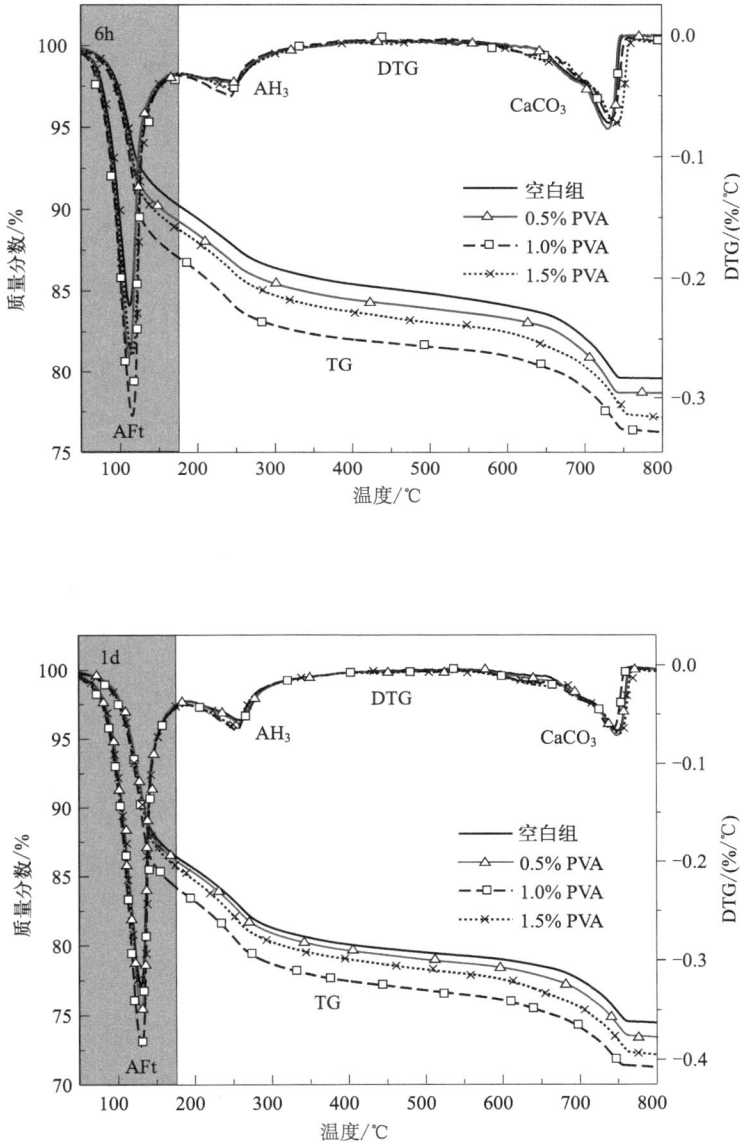

图 4.5

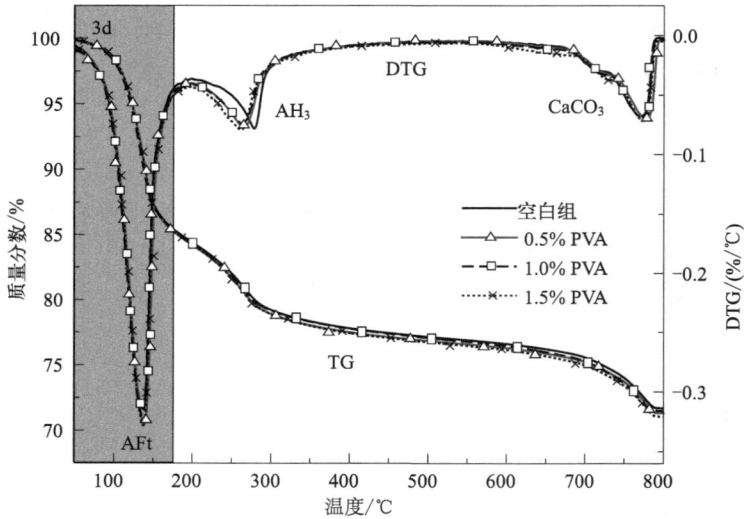

图 4.5　硫铝酸盐水泥 6h ~ 3d 水化样品的 TG-DTG 曲线

硫铝酸盐水泥在 50 ~ 175℃、200 ~ 300℃、600 ~ 800℃ 范围内的重（质）量损失主要是 AFt 脱水、AFm 脱水、$CaSO_4 \cdot 2H_2O$ 脱水、$Al(OH)_3$ 脱水、$CaCO_3$ 分解所导致的[107,110]。从硫铝酸盐水泥水化样品 6h 和 1d 的 TG-DTG 曲线图中可以看出，当 PVA 胶粉的掺量为 0 ~ 1.0% 时，AFt 的重量损失随 PVA 胶粉掺量的增大而增大；当 PVA 胶粉掺量达到 1.5% 时，AFt 的重量损失降低。而且，试样的总重量损失也符合这一规律。这说明，随着 PVA 胶粉掺量的增加，对硫铝酸盐水泥水化的促进作用呈先升高后降低的趋势。这与 XRD 分析和水化热的测试结果相一致。

从硫铝酸盐水泥水化 3d 样品的 XRD 图谱可以看出，水泥中石膏的含量在 3d 的水化龄期内，是足够用于水泥矿物硫铝酸钙水化形成 AFt 的。并且，由于 AFt 是硫铝酸盐水泥在水化 3d 内的主要水化产物，所以说 AFt 的含量决定了硫铝酸盐水泥的水化程度。

通过对比硫铝酸盐水泥水化 6h、1d 和 3d 的 TG-DTG 曲线图可知，

混凝土路面
修补加固砂浆

随着水化龄期的增加，空白组、0.5%PVA、1.0%PVA 和 1.5%PVA 掺量的硫铝酸盐水泥水化样品重量损失的差距在不断减小。在水化 3d 时，空白组、0.5%PVA、1.0%PVA 和 1.5%PVA 硫铝酸盐水泥试样的重量损失几乎是相同的。这表明，PVA 胶粉对硫铝酸盐水泥水化的促进作用，随着水化龄期的增加而在不断降低，在水化 3d 时逐渐消失。这与 XRD 的测试结果相一致。

4.5
液相离子浓度和AFt的饱和指数分析

4.5.1
ICP 和 pH 值分析

　　PVA 胶粉容易吸附在水泥颗粒表面，阻碍水泥矿物的溶解和水化产物的形成 [61-62]。为了更加清晰地研究 PVA 胶粉对硫铝酸盐水泥水化的影响机制。制备了空白组和 1.5%PVA 硫铝酸盐水泥水化液相，并测试了溶液中离子（Ca、Al 和 S）浓度和 pH 值。

　　图 4.6 给出了硫铝酸盐水泥水化液相的离子（Ca、Al 和 S）浓度。从 Ca、Al 和 S 的离子浓度图中可以看出，在 60min 的水化龄期内，1.5%PVA 硫铝酸盐水泥水化液相中 Ca、Al 和 S 离子的浓度明显低于空白组试样。这表明，PVA 胶粉对硫铝酸钙的早期溶解有抑制作用。在水化龄期为 6h 时，1.5%PVA 硫铝酸盐水泥水化液相中 Ca 和 S 离子浓度高

于空白组试样，而 Al 离子浓度相对较低。这表明，PVA 胶粉促进了石膏的溶解而抑制了硫铝酸钙的溶解。在水化龄期为 1d 时，1.5%PVA 硫铝酸盐水泥水化液相中 Ca、Al、S 离子浓度均高于空白组试样，这表明 PVA 胶粉促进了硫铝酸钙和石膏的溶解。

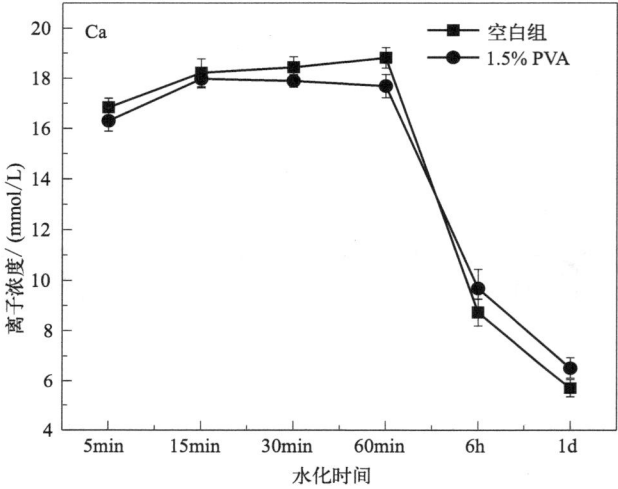

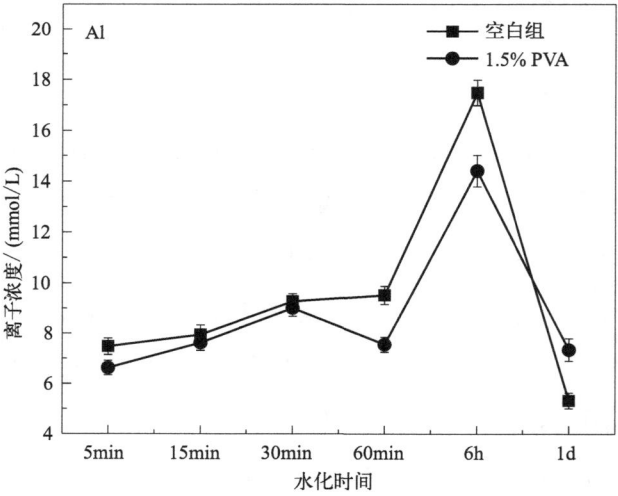

混凝土路面
修补加固砂浆

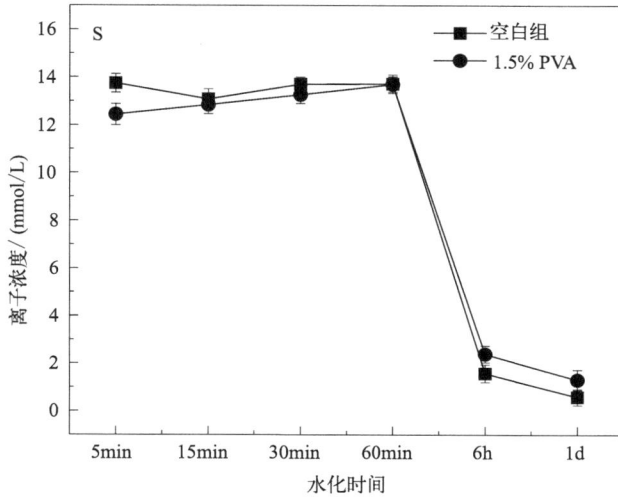

图 4.6　PVA 胶粉对硫铝酸盐水泥水化液相离子（Ca、Al 和 S）浓度的影响

溶液 pH 值是影响硫铝酸盐水泥水化产物 AFt 形成的重要因素之一 [111]。图 4.7 给出了硫铝酸盐水泥水化液相在水化过程的 pH 值。在水化 6h 时，1.5%PVA 硫铝酸盐水泥水化液相的 pH 值比空白组试样的 pH 值低。这主要是因为 PVA 胶粉呈弱酸性（pH 值为 5.0 ~ 7.0）。在水化过程中，酸性的 PVA 胶粉可以中和硫铝酸盐水泥颗粒溶解产生的碱性物质而降低水化液相的 pH 值。而在水化 1d 时，1.5%PVA 硫铝酸盐水泥水化液相的 pH 值高于空白组试样。这可能是因为 PVA 胶粉中的酸性物质随着水化的进行逐渐被消耗，使水化液相的 pH 值得以回升。

此外，PVA 胶粉中含有酯基（已通过红外光谱分析证明，如图 2.4 所示）。一般而言，酯基能够在碱性条件下发生水解反应，如：乙酸乙酯能够与氢氧化钠发生水解反应生成乙酸钠和乙醇。硫铝酸盐水泥水化所形成的水化放热和碱性环境，为 PVA 胶粉中酯基的水解提供了反应条件。这种类似的反应，也发生在支链上具有酯基的其它种类的聚合物与水泥的水化过程中[28-29,37]。并且，PVA 胶粉与硫铝酸盐水泥发生的水解反应会生成乙酸钙[28-29]，而乙酸钙作为促凝剂会促进硫铝酸盐水泥的水化[112]。这与水化热的测试结果相一致。

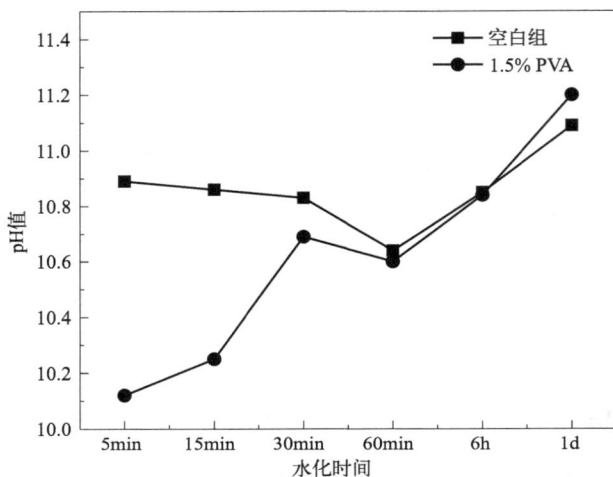

图 4.7　PVA 胶粉对硫铝酸盐水泥水化液相 pH 值的影响

4.5.2
AFt 的饱和指数分析

对于固体物质而言，饱和指数（SI）可以预测液相中固体物质沉淀或溶解的趋向性。当 SI>0 时，溶液处于过饱和状态，固体物质倾向于沉淀析出；当 SI<0 时，溶液处于不饱和状态，固体物质倾向于溶解；当 SI=0 时，溶液处于平衡状态[79-80,111]。因此，为了研究 PVA 胶粉对硫铝酸盐水泥水化产物 AFt 沉淀析出的影响，根据测得的水化液相离子（Ca、Al 和 S）浓度和水化液相的 pH 值，计算了 AFt 在 5min ~ 1d 水化龄期内的饱和指数，结果如图 4.8 所示。

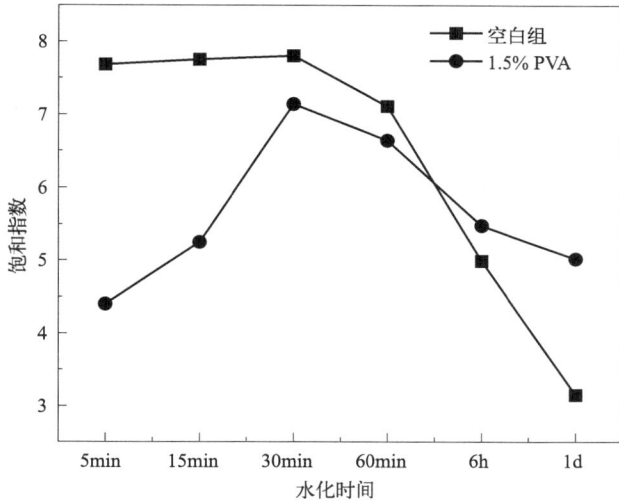

图 4.8　PVA 胶粉对硫铝酸盐水泥水化产物 AFt 饱和指数的影响

从图 4.8 中可以看出，在 5 ~ 60min 的水化龄期内，PVA 胶粉掺量为 1.5% 时，AFt 的饱和指数低于空白组试样。这主要由以下原因造成的：① PVA 胶粉颗粒吸附在硫铝酸盐水泥颗粒的表面，阻碍了硫铝酸钙的溶解和 AFt 的沉淀析出；②弱酸性的 PVA 胶粉降低了水化液相的 pH 值，这不利于 AFt 的形成[111]。在水化龄期为 1d 时，1.5%PVA 硫铝酸盐水泥水化液相的 AFt 饱和指数高于空白组试样，促进了 AFt 的形成。这与 XRD 分析和水化热的测试结果相一致。

4.6
XPS分析

PVA 支链上的酯基可在水泥水化的碱性环境中发生水解反应，O 原子能够与水泥水化过程中释放的 Ca^{2+} 和 Mg^{2+} 发生反应。这已经在 PVA 改性水泥基材料中得到证实，如：PVA 与磷酸镁水泥中的 Mg 发生键合作用，形成 O—Mg—O 的分子链结构[61]；PVA 与铝酸盐水泥中的 Al 发生键合作用，形成 O—Al—O 的分子链结构[63-64]。此外，还有研究表明，其它种类支链上有酯基或羧基的聚合物，其支链上的 O 也能与水泥水化产物中的 Ca 结合，形成 O—Ca—O 的分子链结构[28-29,37]。因此，为了更加清晰地探究 PVA 胶粉与硫铝酸盐水泥和 PVA 胶粉与基体结构的键合作用，以及 PVA 胶粉改性硫铝酸盐水泥修补砂浆与基体结构黏结性能提升的机理，分别将水化 28d 的硫铝酸盐水泥水化样品和 28d 的含有 PVA 胶粉的混凝土路面粉末样品进行 XPS 分析。

4.6.1
PVA 胶粉与硫铝酸盐水泥

图 4.9 为空白组、0.5%PVA、1.0%PVA 和 1.5%PVA 硫铝酸盐水泥在 28d 的水化样品的 XPS 谱图。从图中可以看出，无论是否掺入 PVA 胶粉，硫铝酸盐水泥水化样品的 XPS 谱图中都含有 C1s、O1s、Ca2p、Al2p 等几种相同元素的峰。这表明 PVA 胶粉的掺入并没有引入其它的杂质元素。此外，随着 PVA 胶粉掺量的增加，C1s 和 O1s 峰的强度逐渐增加（图中用橙色框标出）。这可能是因为 PVA 胶粉也含有 C 和 O 两种元素，加入硫铝酸盐水泥体系中会使 C1s 和 O1s 峰的强度增加[38]。

图 4.10 是空白组和 1.5%PVA 硫铝酸盐水泥在 28d 的水化样品 C1s 和 O1s 分峰拟合的 XPS 光谱。从图中可以看出，空白组和 1.5%PVA 硫铝酸盐水泥水化样品中 C1s 和 O1s 分峰拟合的大小和形状都有所不同。这是因为，PVA 胶粉中的 C、O 的键合作用与硫铝酸盐水泥体系中的不同，将 PVA 胶粉引入到硫铝酸盐水泥体系后，C1s 和 O1s 分峰拟合的结

果也不尽相同。

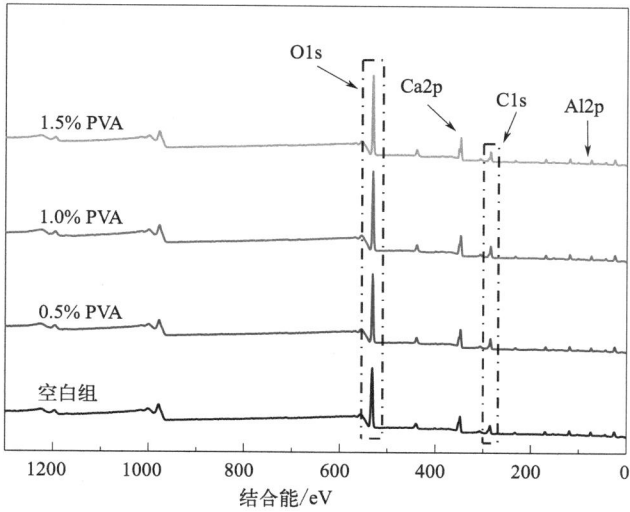

图 4.9　硫铝酸盐水泥 28d 水化样品的 XPS 光谱

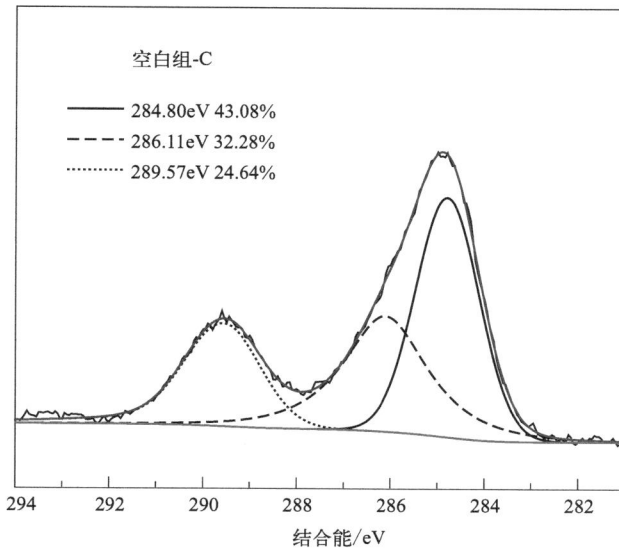

图 4.10

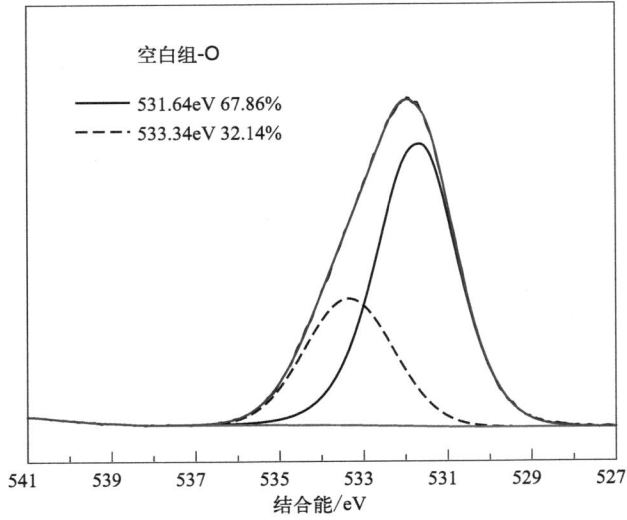

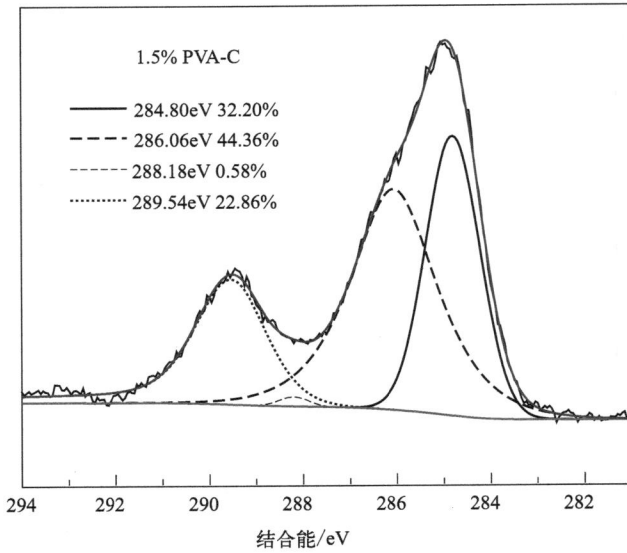

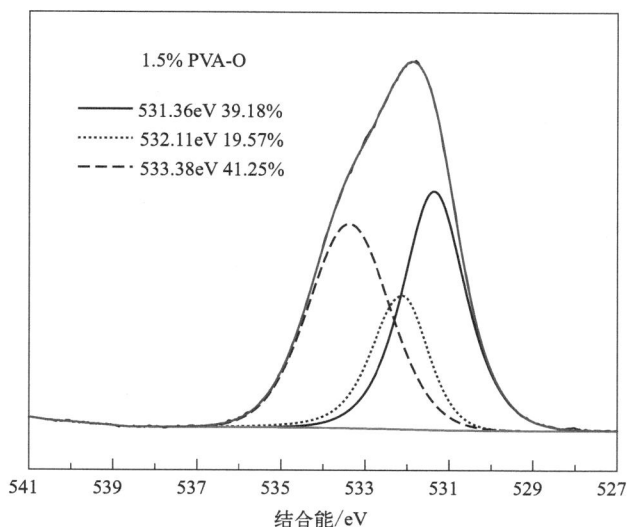

图 4.10　硫铝酸盐水泥 28d 水化样品 C1s 和 O1s 分峰拟合的 XPS 光谱

空白组和 1.5%PVA 硫铝酸盐水泥 28d 水化样品 Ca2p 和 Al2p 分峰拟合的 XPS 图谱，如图 4.11 所示。从 Ca2p 分峰拟合的 XPS 光谱图中可以看出，Ca2p 分峰拟合的大小和形状基本相同。这表明，Ca 不与 PVA 胶粉发生反应，也没有与其它原子产生新的键合作用。

从 Al2p 分峰拟合的 XPS 光谱图中可以看出，Al2p 分峰拟合的大小和形状不尽相同。在空白组中，在 73.85eV 处的峰属于水化产物和硫铝酸钙中的铝氧四面体配位 [64]。而 1.5%PVA 硫铝酸盐水泥试样的光谱图中，除了属于铝氧四面体配位的峰，在 74.24eV 处还有峰，这证明 PVA 胶粉与硫铝酸盐水泥中的 Al 离子发生键合作用，生成 C—O—Al 分子链结构。这类似于 PVA 与铝酸盐水泥中的 Al 离子发生的键合作用 [63-64]。PVA 胶粉与硫铝酸盐水泥发生的键合作用，为 PVA 胶粉改性硫铝酸盐水泥修补砂浆黏结性能的提升提供了一种解释。

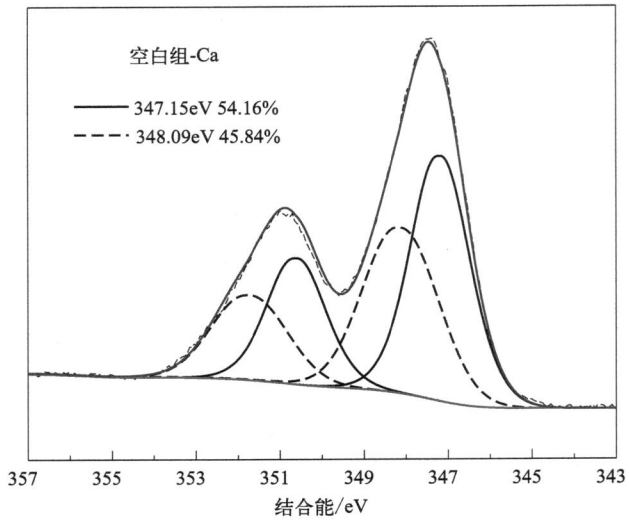

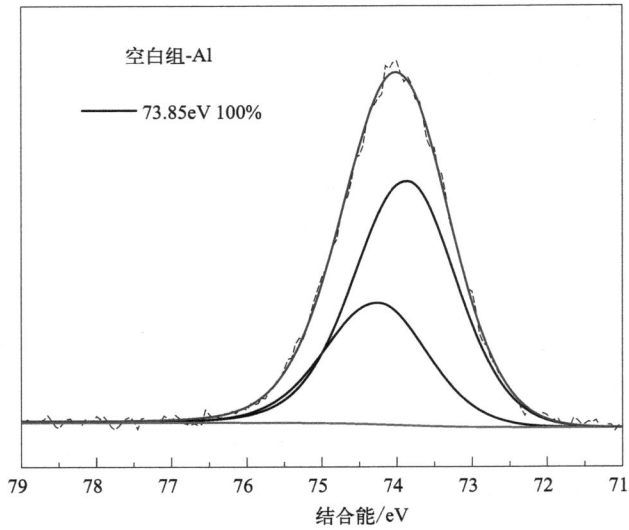

混凝土路面
修补加固砂浆

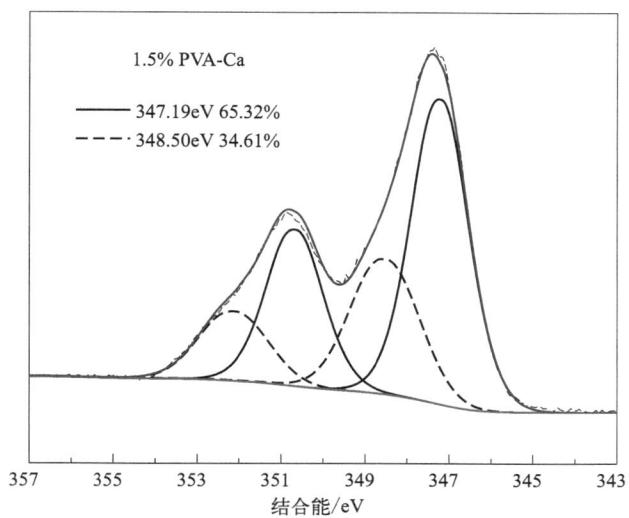

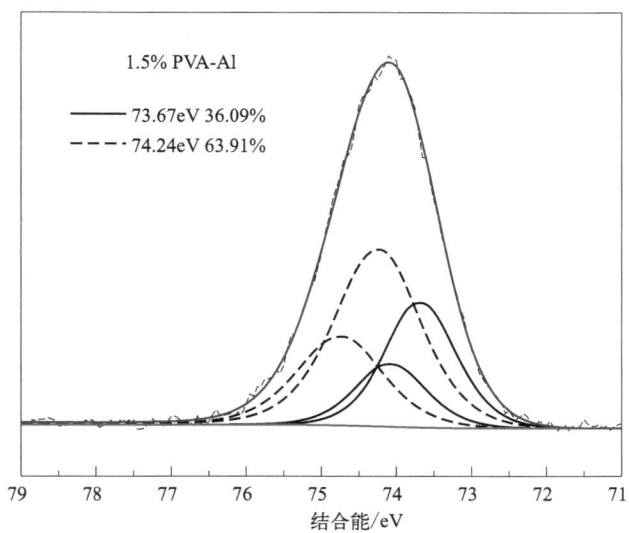

图 4.11　硫铝酸盐水泥 28d 水化样品 Ca2p 和 Al2p 分峰拟合的 XPS 光谱

4.6.2
PVA 胶粉与混凝土路面粉末

从 4.6.1 章节中 PVA 胶粉与硫铝酸盐水泥的 XPS 分析结果和引用的参考文献可以看出，PVA 支链上的酯基是能够在碱性条件下（水泥水化环境与之相似）发生水解反应的。同时，有文献提及，PVA 颗粒会在黏结界面聚集，并填充界面的毛细孔，而提高界面的密度[57,61,94]。PVA 还能与修补基体结构中的活性离子发生反应[61]。因此，将 PVA 胶粉与混凝土路面粉末 28d 的样品进行 XPS 分析，以证明 PVA 胶粉能否与混凝土路面基体中的活性离子发生反应。

PVA 胶粉与混凝土路面粉末 28d 样品 Ca2p 和 Al2p 分峰拟合的 XPS 光谱，如图 4.12 所示。从 Ca2p 分峰拟合的 XPS 光谱图中可以看出，Ca2p 分峰拟合的大小和形状基本相同。这表明，Ca 不与 PVA 胶粉发生反应，也没有与其它原子产生新的键合作用。对于 Al2p 分峰拟合的光

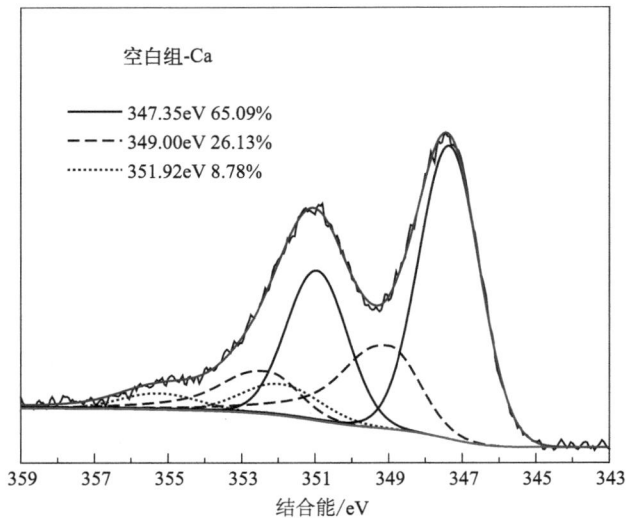

空白组-Ca

—— 347.35eV 65.09%
---- 349.00eV 26.13%
······ 351.92eV 8.78%

结合能/eV

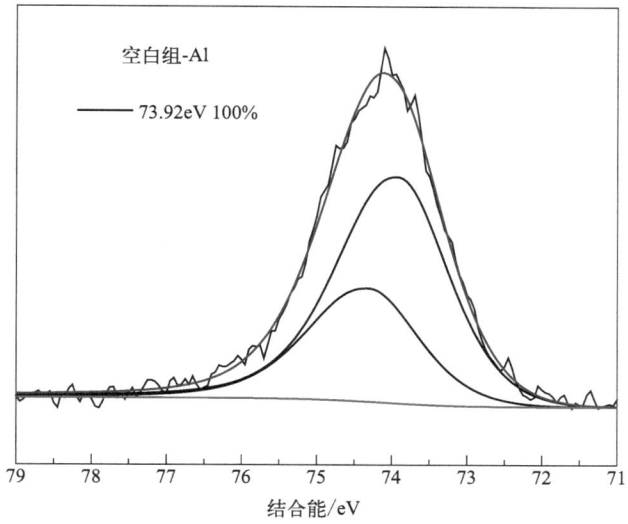

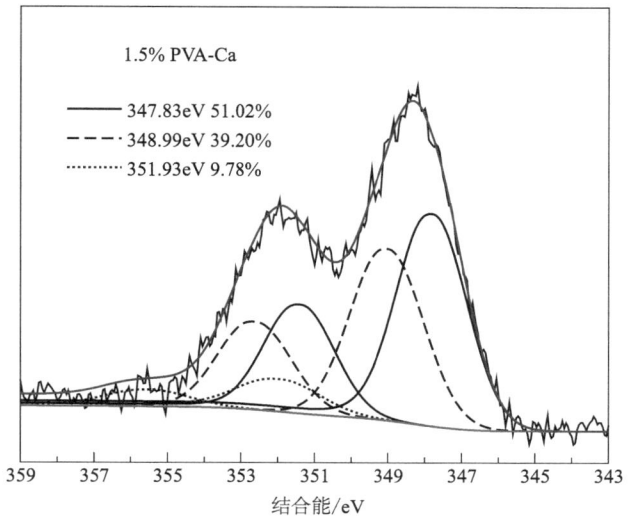

图 4.12

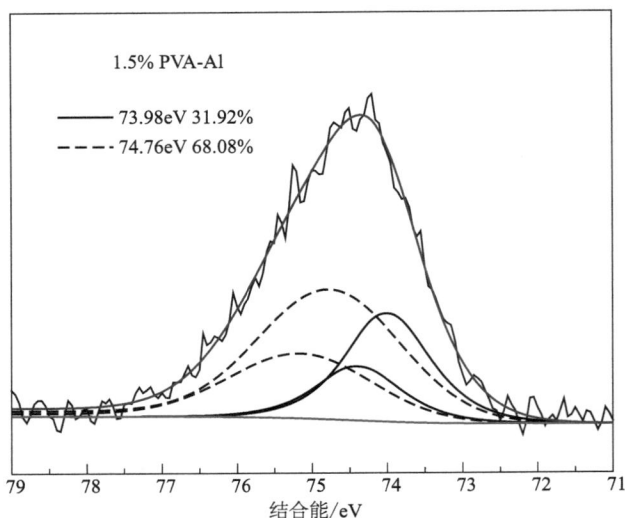

图 4.12　PVA 胶粉与混凝土路面粉末 28d 样品 Ca2p 和 Al2p 分峰拟合的 XPS 光谱

谱，分峰拟合的大小和形状不尽相同。通过对比发现，1.5%PVA 试样的光谱图中，除了 73.98eV 处的峰以外，在 74.76eV 处还有峰，这证明 PVA 胶粉与混凝土路面粉末中的 Al 离子发生键合作用，生成 C—O—Al 分子链结构。因此，PVA 胶粉与硫铝酸盐水泥和混凝土路面粉末发生的键合作用，为 PVA 胶粉改性硫铝酸盐水泥修补砂浆黏结性能的提升提供了一种机理解释。

4.7
SEM分析

水泥水化产物和聚合物在水泥基体中的存在形式对整体结构性能的

影响很重要。因此，使用扫描电子显微镜观察水化 28d 的 PVA 胶粉改性硫铝酸盐水泥水化产物和 PVA 膜的微观形貌。

图 4.13 为 1.5%PVA 硫铝酸盐水泥 28d 水化样品的 SEM 图片。从图中可以看出，存在于孔隙中水化产物 AFt 的形貌为细针棒状，贯穿于水化产物 Al(OH)$_3$ 凝胶中。硫铝酸盐水泥水化产物 AFt 骨架结构的形成，为其力学性能的发展提供了基础。从图中可以看出，在硫铝酸盐水泥基体中，PVA 胶粉可形成薄膜，黏附于水泥矿物和水化产物表面。这可增强水泥矿物和水化产物之间的机械咬合，使材料形成具有更高力学性能和致密性的整体结构。有研究认为，聚合物膜的形成可提高水泥浆体内部的黏聚力，在普通水泥砂浆和聚合物改性水泥砂浆所有的观察表面，聚合物砂浆表面的微裂纹数量都比较少[58-59]。这表明聚合物的存在有助于提高水泥基材料的内聚力，减少微裂纹的产生，形成更紧密的微观结构。此外，PVA 薄膜黏附并包裹在水泥基体表面，这可降低连通孔的数量，阻滞水分的扩散、传输，从而提高防水抗渗性能。

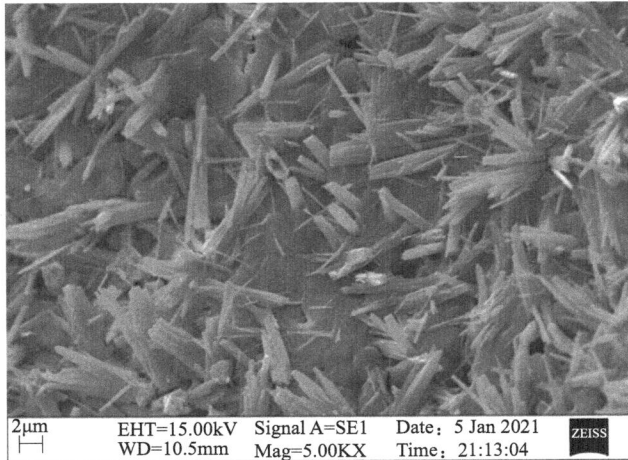

图 4.13

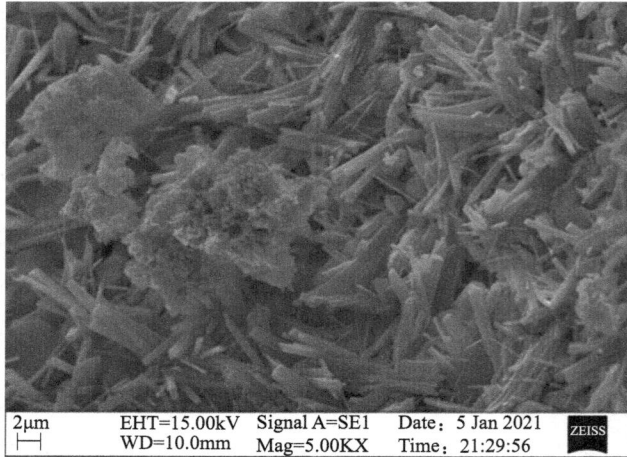

EHT=15.00kV Signal A=SE1 Date：5 Jan 2021
WD=10.0mm Mag=5.00KX Time：21:29:56
2μm

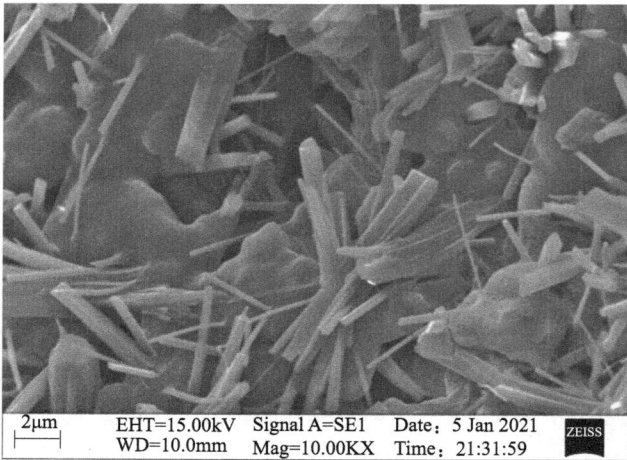

EHT=15.00kV Signal A=SE1 Date：5 Jan 2021
WD=10.0mm Mag=10.00KX Time：21:31:59
2μm

混凝土路面
修补加固砂浆

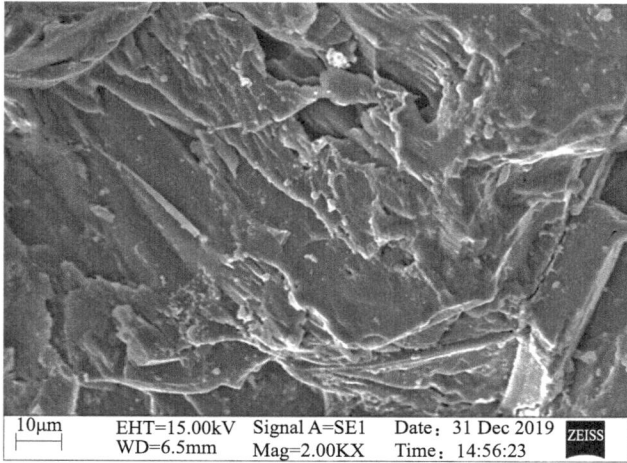

图 4.13

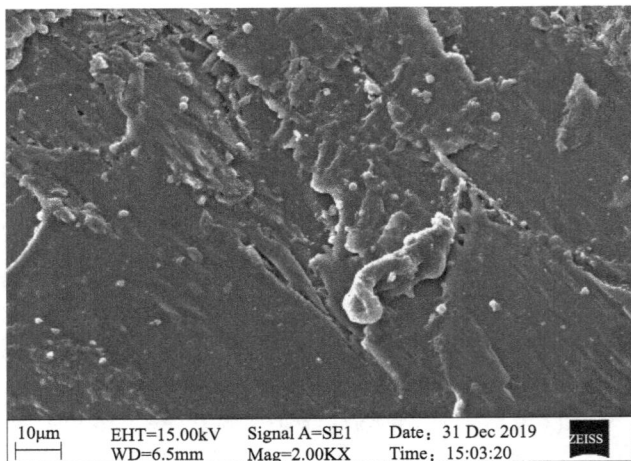

图 4.13　水化产物 AFt 的形貌和 PVA 胶粉在硫铝酸盐水泥基体中的存在形式

4.8
本章小结

① PVA 胶粉会吸附在硫铝酸盐水泥颗粒表面，抑制水泥矿物的水化和水化产物的形成，而延长水泥净浆的凝结时间。

② 在 0 ～ 60min 的水化龄期内，PVA 胶粉会抑制硫铝酸钙和石膏水化和水化产物 AFt 的形成；在 6h ～ 3d 的水化龄期内，PVA 胶粉会促进硫铝酸钙和石膏的水化和 AFt 的形成。

③ PVA 胶粉对硫铝酸盐水泥前 2h 水化放热的影响不大；水化 2.4h 时，放热速率呈现明显差异，随着 PVA 胶粉掺量的增加，放热速率降低，PVA 胶粉抑制了硫铝酸盐水泥的水化；在水化 3h 和 6h 时，PVA 胶粉使

放热速率和累计放热量超过空白组，促进硫铝酸盐水泥的水化。

④ 在硫铝酸盐水泥水化的碱性环境下，PVA 胶粉中的—OOCCH$_3$ 基团能发生水解反应，使 PVA 支链上的 O 与水泥水化产物中的 Al 离子发生反应，生成 C—O—Al 分子链结构，增强 PVA 胶粉与硫铝酸盐水泥基体的键合作用；PVA 胶粉也可与混凝土路面粉末中的 Al 离子发生反应，生成 C—O—Al 分子链结构，增强修补砂浆与混凝土路面基体的键合作用。这为 PVA 胶粉提高硫铝酸盐水泥修补砂浆黏结性能提供了一种机理解释。

⑤ PVA 胶粉在硫铝酸盐水泥基体中可形成薄膜，增强水泥矿物和水化产物之间的机械咬合，提高内聚力，有助于形成具有更高力学性能和致密性的整体结构。

第五章

PVA 胶粉改性硫铝酸盐水泥修补加固砂浆的耐久性能

全球恶劣气候灾害频发，使修补（加固）砂浆的服役环境变得恶劣，受到雨水浸泡、太阳暴晒、冻融循环以及侵蚀破坏影响的概率增加。这些因素不仅会影响修补砂浆本身的性能，而且会影响其与原基体结构的黏结性能。因此，本章将研究恶劣养护条件（浸水处理、热老化处理和冻融循环处理）对 PVA 胶粉改性硫铝酸盐水泥修补砂浆与混凝土路面拉伸黏结强度的影响，并研究 PVA 胶粉改性硫铝酸盐水泥修补砂浆的抗冻性能、耐磨性能和抗硫酸盐侵蚀性能。

5.1
拉伸黏结强度

5.1.1
浸水

PVA 胶粉改性硫铝酸盐水泥修补砂浆与混凝土路面的拉伸黏结强度试样标准养护至测试龄期后，按照标准 JC/T 2381—2016《修补砂浆》的要求，进行浸水处理，并测试拉伸黏结强度，结果如图 5.1 所示。

在各水化龄期，随着 PVA 胶粉掺量的增加，拉伸黏结强度有所增加。1.5%PVA 修补砂浆与混凝土路面 28d 的拉伸黏结强度为 2.11MPa，与空白组相比提高了 15.30%。这说明 PVA 胶粉可以增强硫铝酸盐水泥修补砂浆的耐浸水性能。这得益于砂浆孔隙中形成的 PVA 薄膜，降低了砂浆中连通孔的数量，阻碍了外部水分浸入砂浆内部。此外，与未浸水处理的试样相比，拉伸黏结强度较低，1.5%PVA 修补砂浆与混凝土路面 28d 的拉伸黏结强度降低了 23.27%。

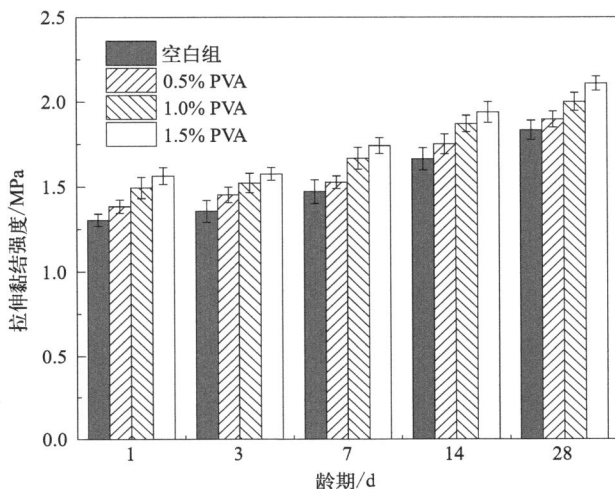

图 5.1　浸水对修补砂浆与混凝土路面拉伸黏结强度的影响

浸水处理降低 PVA 胶粉改性硫铝酸盐水泥修补砂浆试样的拉伸黏结强度，这可能是由以下原因导致的 [1]：①混凝土路面吸水性强，水分容易扩散至修补砂浆与混凝土路面的界面过渡区，水分的增多使孔隙的压力增大，产生微裂纹，使拉伸黏结强度降低；② PVA 胶粉改性硫铝酸盐水泥修补砂浆黏附在混凝土路面表面，可与混凝土路面形成键合作用，而水分的增多，降低了化学键的断裂能，使拉伸黏结强度降低。

5.1.2
热老化

PVA 胶粉改性硫铝酸盐水泥修补砂浆与混凝土路面的拉伸黏结强度试样标准养护至测试龄期后，按照标准 JC/T 2381—2016《修补砂浆》

的要求，进行热老化处理并测试拉伸黏结强度，结果如图 5.2 所示。在所有测试的水化龄期中，随着 PVA 胶粉掺量的增加，拉伸黏结强度降低。1.5%PVA 修补砂浆与混凝土路面 28d 的拉伸黏结强度为 1.01MPa，降低了 9.01%。这说明 PVA 胶粉会降低硫铝酸盐水泥修补砂浆耐热老化性能。这可能是因为热处理温度达到了聚合物的玻璃化温度，聚合物以缺陷的形式存在于砂浆基体中，降低了拉伸黏结强度[113]。

此外，与未热老化处理的试样相比，1.5%PVA 修补砂浆与混凝土路面 28d 的拉伸黏结强度损失较多，降低了 63.27%。这说明热老化处理会极大地降低 PVA 胶粉改性硫铝酸盐水泥修补砂浆的拉伸黏结强度。强度的降低可能是由于：①长时间的高温环境，使硫铝酸盐水泥修补砂浆中水化产物脱水；②试样各组分的膨胀速率不同，在界面过渡区产生内应力，形成微裂缝，而导致强度降低[1]；③毛细孔径的增加[114]：a. 水泥砂浆中大量的水化产物脱水造成的；b. 毛细应力造成的毛细孔径扩大；④与内部热氢应力相关的潜在微裂纹的产生。

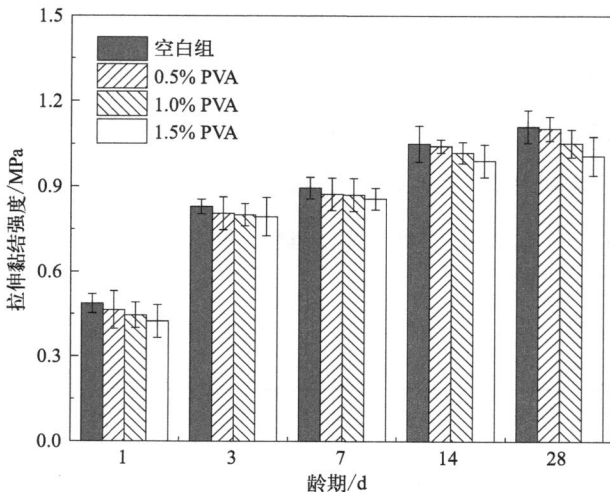

图 5.2　热老化对修补砂浆与混凝土路面拉伸黏结强度的影响

5.1.3
冻融循环

PVA 胶粉改性硫铝酸盐水泥修补砂浆与混凝土路面的拉伸黏结强度试样标准养护至测试龄期后，按照标准 JC/T 2381—2016《修补砂浆》的要求，进行冻融循环处理，并测试拉伸黏结强度，结果如图 5.3 所示。在所有测试的水化龄期中，随着 PVA 胶粉掺量的增加，拉伸黏结强度有所增加。1.5%PVA 修补砂浆与混凝土路面 28d 的拉伸黏结强度为 0.98MPa，提高了 6.52%。这说明 PVA 胶粉可以增强硫铝酸盐水泥修补砂浆的抗冻性能。这得益于硫铝酸盐水泥硬化砂浆孔隙中聚合物膜的形成，阻滞了水分的渗入，减少了修补砂浆内部吸收的水分，从而降低了冻融损伤[115]。

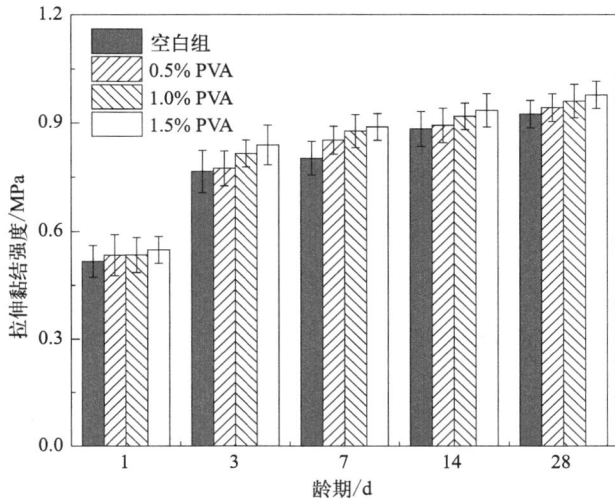

图 5.3　冻融循环对修补砂浆与混凝土路面拉伸黏结强度的影响

此外，与未冻融循环处理的试样相比，拉伸黏结强度损失较多，

1.5%PVA 修补砂浆与混凝土路面 28d 的拉伸黏结强度降低了 64.44%。这说明冻融循环处理会极大地降低 PVA 胶粉改性硫铝酸盐水泥修补砂浆的拉伸黏结强度。强度的降低可能是由于混凝土路面的吸水性，使修补砂浆与混凝土路面之间的孔隙中存在大量水分，在低温环境下，水凝结成冰，产生体积膨胀，形成微裂纹，而且冻融循环的进行使破坏加剧，宏观表现为拉伸黏结强度的降低。

5.2
抗冻性能

混凝土砂浆作为路面外表层直接受到外界环境的作用。抗冻性能是影响材料与结构耐久性的一个重要因素。由 3.2.8 节的分析可知，虽然 PVA 胶粉可提高硫铝酸盐水泥修补砂浆的防水抗渗性能。但是，修补砂浆内部不可避免地存在着孔隙和缺陷。所以，当修补砂浆浸入水中时，水分会浸入到修补砂浆中的孔隙、裂纹等缺陷中。在低温状态下，这些水会逐渐凝结成冰，发生体积膨胀，而对修补砂浆孔隙的孔壁产生应力，当这种膨胀应力大于砂浆的抗拉强度时，就会在其周围产生新的微裂纹，随着膨胀的进行，微裂纹继续发展，造成不可逆的结构破坏[116]。在一个冻融循环结束后，会有更多的水从裂缝和孔隙中渗入修补砂浆浆体内部，而在修补砂浆进入下一个冻融循环时，水分会产生更大的体积膨胀，使破坏加剧。最终呈现为，修补砂浆试样的表层及棱角处逐渐出现裂纹，砂浆表层发生脱落、剥离，而导致修补砂浆试样出现质量损失和强度损失。因此，按照标准 GB/T 50082—2024《普通混凝土长期性能和耐久性能试验方法标准》，使用快冻法，研究 PVA 胶粉改性硫铝酸盐水泥修补砂浆的抗冻性能。

图 5.4 为 PVA 胶粉改性硫铝酸盐水泥修补砂浆试样经历冻融循环后的抗压强度损失和质量损失。从图中可知，随着 PVA 胶粉掺量的增加，硫铝酸盐水泥修补砂浆的抗压强度损失和重量损失都得到了改善，修补砂浆的抗冻性能得到提升。1.5%PVA 修补砂浆的抗压强度损失率为 35.28%，与空白组相比，降低了 33.00%；质量损失率为 1.07%，与空白组相比，降低了 53.74%。这得益于修补砂浆孔隙中聚合物膜的形成，阻滞了水分的渗入，减少了修补砂浆内部吸收的水分，从而降低了冻融损伤，提高了修补砂浆的抗冻性能[115-116]。

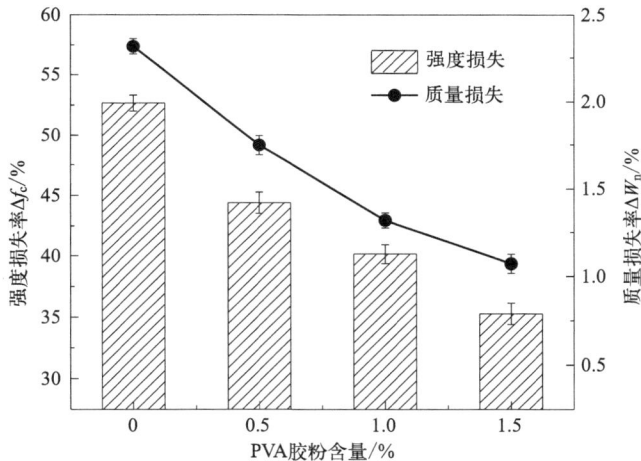

图 5.4 冻融循环处理对修补砂浆抗压强度损失和质量损失的影响

图 5.5 为 PVA 胶粉改性硫铝酸盐水泥修补砂浆经历冻融循环后的表面形貌。从图中可以看出，修补砂浆试样经过冻融循环破坏后，试样表层出现不同程度的脱落、剥离。随着 PVA 胶粉掺量的增加，破坏程度有所降低，修补砂浆试样抗冻性能有所改善。这得益于砂浆孔隙中聚合物

膜的形成，阻滞了外部水分的侵入，降低了冻融损伤。这与 3.2.8 节中对修补砂浆防水抗渗性能的分析相一致。

图 5.5　冻融循环处理对修补砂浆试样表层的影响

5.3
耐磨性能

耐磨性是水泥基材料抵抗表层摩擦损伤的能力。修补砂浆作为路面表层的混凝土材料，需具备耐磨损的性能，关系到混凝土路面结构的耐久性和使用年限。而且，从使用寿命、资源利用和环境保护等角度出发，修补砂浆也应具备较好的耐磨性能。因此，根据标准 T 0567—2005《水泥混凝土耐磨性试验方法》，制备 PVA 胶粉改性硫铝酸盐水泥修补砂浆试样并测试其耐磨性能。

图 5.6 是修补砂浆的磨损深度和单位面积上的质量磨损。从图 5.6 中可以看出，随着 PVA 胶粉掺量的增加，磨损深度和单位面积上的磨损量均有所降低，修补砂浆的耐磨性能得以提升。PVA 胶粉掺量从 0 增加 1.5%，修补砂浆单位面积上的磨损量从 $6.85kg/m^2$ 降低到 $5.19kg/m^2$，降低了 24.21%；磨损深度从 3.79mm 降低到 2.66mm，降低了 29.77%。PVA 胶粉改性硫铝酸盐水泥修补砂浆耐磨性能的提升可能是由于：①砂浆、混凝土的抗压强度对耐磨性能起到决定性的作用，在 3.2.3 节的分析中已表明，PVA 胶粉可提高硫铝酸盐水泥修补砂浆的抗压强度[117-118]；② PVA 胶粉形成的薄膜，提高了修补砂浆的内聚力和抗裂性能[119]。

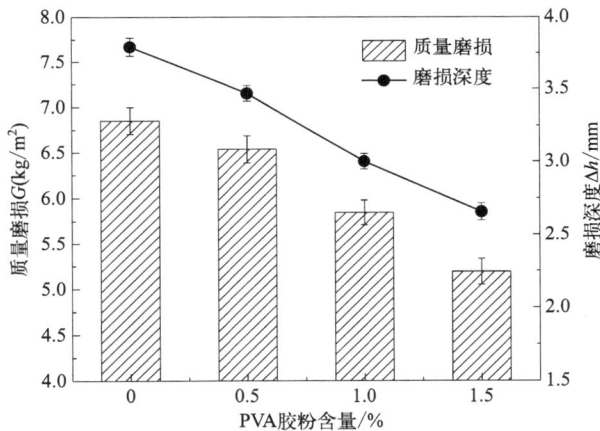

图 5.6　磨损处理后修补砂浆的磨损深度和单位面积上的质量磨损

此外，PVA 胶粉改性硫铝酸盐水泥修补砂浆耐磨性能的提升，可通过简单的摩擦试验得以体现。未掺入 PVA 胶粉的修补砂浆使用抹布摩擦就会有粉末擦落；而掺入 PVA 胶粉的硫铝酸盐水泥修补砂浆擦落的粉末明显减少，耐磨性能得到明显的改善。

5.4
抗硫酸盐侵蚀性能

　　水泥砂浆在硫铝酸盐侵蚀环境下会发生体积膨胀，这与钙矾石的形成有关。钙矾石可以分为两类[120]：①水泥水化早期形成的水化产物钙矾石，这类钙矾石对砂浆没有破坏；②水泥水化后期，水泥浆体中的水化产物与SO_4^{2-}发生反应形成的钙矾石（二次钙矾石），这类钙矾石可能产生膨胀性破坏。一般而言，硫铝酸盐水泥砂浆具有较好的抗硫酸盐侵蚀性能[32,121]。聚合物也可提高硫铝酸盐水泥体系中能够还能提高抗硫酸盐侵蚀性能[32,41,122]。因此，为了研究 PVA 胶粉对硫铝酸盐水泥修补砂浆抗硫酸盐侵蚀性能的影响，将 PVA 胶粉改性硫铝酸盐水泥修补砂浆进行硫酸盐干湿循环侵蚀试验，试验结果如图 5.7 所示。

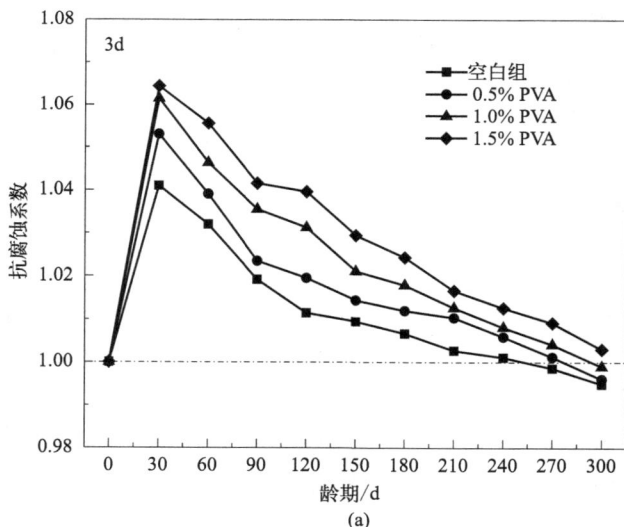

(a)

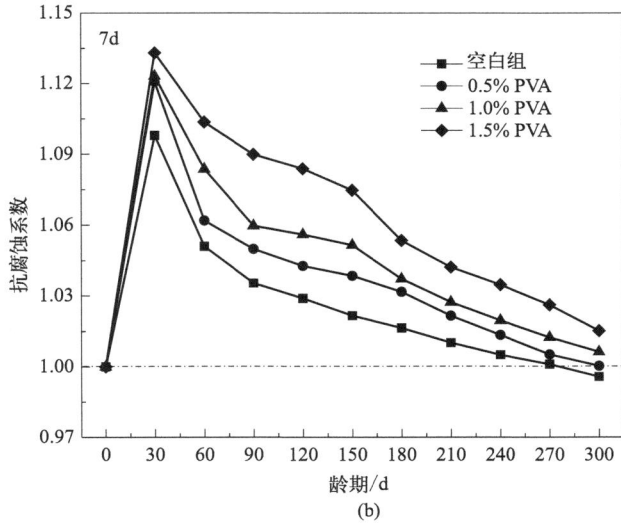

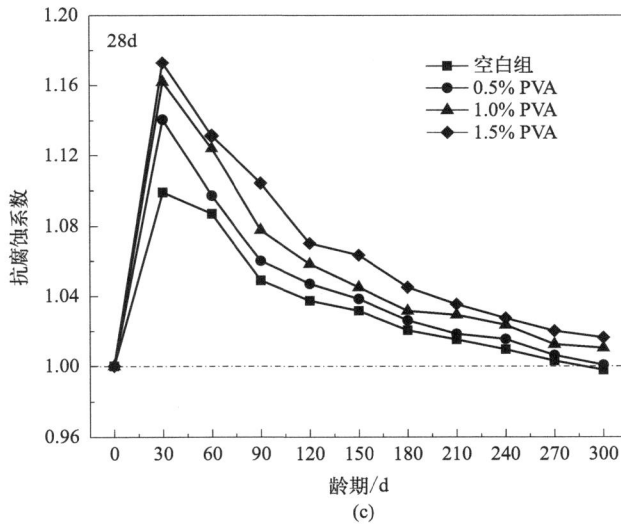

图 5.7　修补砂浆抗压强度的耐硫酸盐侵蚀系数

从图 5.7 中可知，PVA 胶粉改性硫铝酸盐水泥修补砂浆具有较好的抗硫酸盐侵蚀能力。随着硫酸盐干湿循环试验时间的增加，耐蚀系数呈降低趋势，掺有 PVA 胶粉的修补砂浆试样在侵蚀 270d 后，仍保持着较好的抗硫酸盐侵蚀能力，且耐蚀系数大于 1。这是因为硫铝酸盐水泥砂浆在硫酸盐侵蚀环境下的主要侵蚀产物为 AFt，适量增加 AFt 的含量对强度有利。但是，随着侵蚀时间的增加，侵蚀产物二次钙矾石的生成量增多，导致砂浆浆体结构破坏。随着 PVA 胶粉掺量的增加，修补砂浆的耐蚀系数呈上升趋势。这可能是因为 PVA 胶粉的掺入，降低了孔隙率 [122]，且聚合物膜的形成可阻滞水及其有害离子的扩散、传输，从而提升了砂浆的抗硫酸盐侵蚀性能。

另外，通过对比 3d、7d 和 28d 标准养护的 PVA 胶粉改性硫铝酸盐水泥修补砂浆试样的耐蚀系数发现，随着标准养护龄期的增长，修补砂浆的耐蚀系数也呈上升趋势。这是因为随着标准养护龄期的增加，水化产物增多，修补砂浆硬化浆体结构更加致密，抵抗硫酸盐侵蚀的能力也逐渐增强。

5.5
本章小结

① PVA 胶粉可提升硫铝酸盐水泥修补砂浆的耐浸水性能和抗冻性能，降低耐热老化性能。试样分别经过浸水、冻融循环处理后，1.5%PVA 修补砂浆与混凝土路面的 28d 拉伸黏结强度分别为 2.11MPa、0.98MPa，与空白组相比，分别提高了 15.03% 和 6.52%；试样经过热老化处理后，1.5%PVA 修补砂浆与混凝土路面的 28d 拉伸黏结强度为 1.01MPa，与空白组相比，降低了 9.01%。

② PVA 胶粉能形成薄膜，降低连通孔的数量，阻滞水分及其有害离

子的传输，提高修补砂浆的抗冻性能和抗硫酸盐侵蚀性能。1.5%PVA 修补砂浆经历冻融循环后，抗压强度损失率为 35.28%，降低了 33.00%；质量损失率为 1.07%，降低了 53.74%；PVA 胶粉改性硫铝酸盐水泥修补砂浆经历 270d 的硫酸盐干湿循环后，仍具有较高的抗压强度，且耐蚀系数大于 1。

③ PVA 胶粉可形成薄膜，提高修补砂浆的内聚力，使其形成具有更高力学性能和致密性的整体结构，提高耐磨性能。1.5%PVA 修补砂浆经历磨损试验后，单位面积上的磨损量为 5.19kg/m²，降低了 24.21%；磨损深度为 2.66mm，降低了 29.77%。

第六章

锯泥对 PVA 胶粉改性硫铝酸盐水泥修补加固砂浆性能的影响

为了适用于混凝土路面的修补加固，修补砂浆不仅需要具备优良的性能、简易的施工操作等特性，还需要具有低廉的价格以满足混凝土路面修补加固的需要。与普通砂浆相比，PVA 胶粉改性硫铝酸盐水泥修补砂浆成本更高，其主要原因是硫铝酸盐水泥价格远高于普通硅酸盐水泥。因此，本章将使用村镇易得的锯泥，部分取代硫铝酸盐水泥以降低修补砂浆的成本，研究锯泥对 PVA 胶粉改性硫铝酸盐水泥修补砂浆流动度、抗折强度、抗压强度以及拉伸黏结强度的影响，以确定 PVA 胶粉改性硫铝酸盐水泥修补砂浆中锯泥的合理掺量。

6.1
流动度

为了探究锯泥对 PVA 胶粉改性硫铝酸盐水泥修补砂浆流动度的影响，根据标准 GB/T 2419—2005《水泥胶砂流动度测定方法》测试锯泥对 PVA 胶粉掺量为 1.5% 的硫铝酸盐水泥修补砂浆流动度的影响，试验结果如图 6.1 所示。

由图可知，修补砂浆的流动度随着锯泥掺量的增加而增加。当锯泥的掺量为 1.0% 和 3.0% 时，流动度变化并不明显，在 170 ~ 175mm 范围内；当锯泥的掺量为 15.0% 时，流动度增加，为 181mm，但增幅较少；当锯泥的掺量在 20.0% ~ 30.0% 时，流动度增加较多，流动度得到明显的改善，当锯泥掺量为 30.0% 时，流动度为 197mm。因此，锯泥可改善修补砂浆的流动性。

锯泥提高 PVA 胶粉改性硫铝酸盐水泥修补砂浆的流动度，可能是由

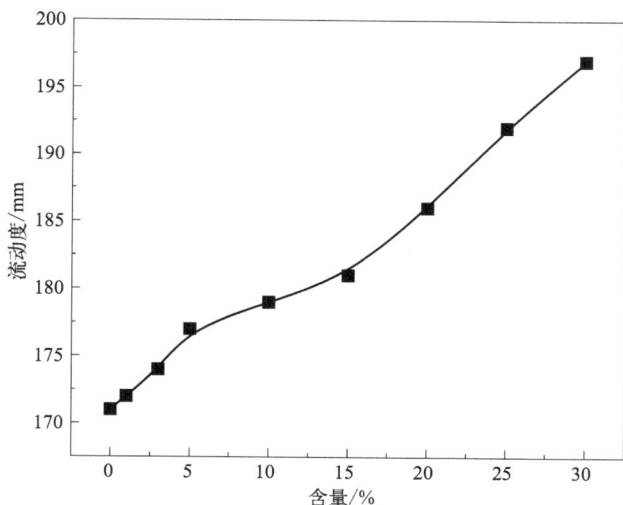

图 6.1　锯泥对修补砂浆流动度的影响

以下两方面原因：①锯泥的主要成分为石英和长石，相对于硫铝酸盐水泥，其吸水性较低；②锯泥颗粒显著大于硫铝酸盐水泥颗粒，其比表面积（973.2cm²/kg）远低于硫铝酸盐水泥的比表面积（3680cm²/kg），其表面吸附的水分更少，水泥颗粒间的自由水增加，而提高了砂浆的流动度。因此，锯泥可改善减水剂需求量随 PVA 胶粉掺量增加而增加的问题。

6.2
抗折强度

　　为了探究锯泥对 PVA 胶粉改性硫铝酸盐水泥修补砂浆抗折强度的影响，根据标准 GB/T 17671—2021《水泥胶砂强度检验方法》（IOS 法）测定锯泥对 PVA 胶粉掺量为 1.5% 的硫铝酸盐水泥修补砂浆抗折强度的影响，试验结果如图 6.2 所示。

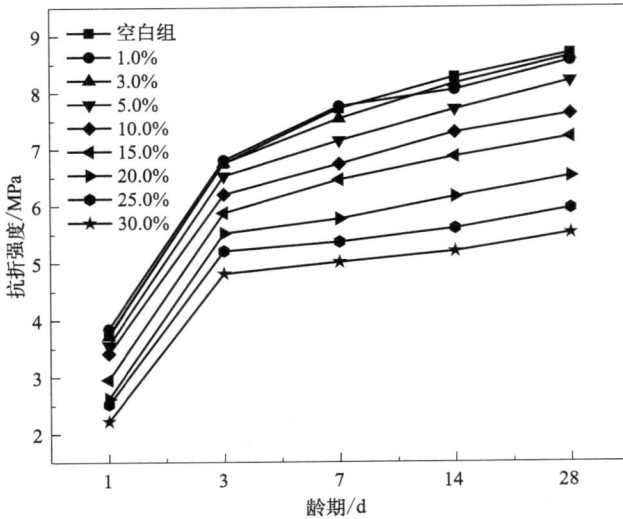

图 6.2　锯泥对修补砂浆抗折强度的影响

由图可知，当锯泥的掺量为 1.0% 和 3.0% 时，修补砂浆的抗折强度变化并不明显，甚至略有增加。当锯泥的掺量超过 5.0% 时，修补砂浆的抗折强度随着锯泥掺量的增加而降低。当锯泥的掺量超过 5.0% 时，修补砂浆的抗折强度随着锯泥掺量的增加而降低，且随着掺量的增加，强度损失程度加剧。当锯泥的掺量为 20.0% 时，修补砂浆的 28d 抗折强度为 6.51MPa，强度损失率为 25.07%，仍能满足 JC/T 2381—2016《修补砂浆》对刚性修补砂浆的要求（28d 抗折强度 ≥ 6.0MPa）。当锯泥的掺量为 30.0% 时，修补砂浆的 28d 抗折强度为 5.51MPa，强度损失率为 36.57%，仍能满足 JC/T 2381—2016《修补砂浆》对柔性修补砂浆的要求（28d 抗折强度 ≥ 5.0MPa）。

因此，从降低成本的角度出发，在满足修补砂浆性能要求的前提下，锯泥的掺量应控制在 30.0% 以内。

6.3
抗压强度

为了探究锯泥对 PVA 胶粉改性硫铝酸盐水泥修补砂浆抗压强度的影响，根据标准 GB/T 17671—2021《水泥胶砂强度检验方法》（IOS 法）测定锯泥对 PVA 胶粉掺量为 1.5% 的硫铝酸盐水泥修补砂浆抗压强度的影响，试验结果如图 6.3 所示。

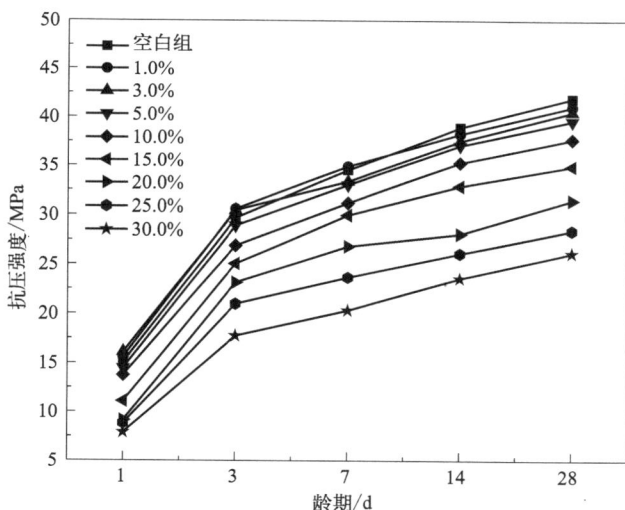

图 6.3　锯泥对修补砂浆抗压强度的影响

由图可知，当锯泥的掺量为 1.0% 和 3.0% 时，修补砂浆的抗压强度变化并不明显，甚至略有增加。当锯泥的掺量超过 5.0% 时，修补砂浆的抗压强度随着锯泥掺量的增加而降低，且随着掺量的增加，抗压强度损失程度也逐渐增加。当锯泥的掺量达到 20.0% 时，修补砂浆的 28d 抗压强度为 31.46MPa，强度损失率为 24.93%，仍能满足 JC/T 2381—2016《修补砂浆》中对刚性修补砂浆的要求（28d 抗压强度 ≥ 30.0MPa）。当锯泥的掺量为 30.0% 时，修补砂浆的 28d 抗压强度为 26.15MPa，强度损失率为 37.60%，仍能满足 JC/T 2381—2016《修补砂浆》中对柔性修补砂浆的要求（28d 抗压强度 ≥ 20.0MPa）。

因此，从降低成本的角度出发，在满足修补砂浆性能要求的前提下，锯泥的掺量应控制在 30.0% 以内。

6.4
拉伸黏结强度

为了探究锯泥对 PVA 胶粉改性硫铝酸盐水泥修补砂浆与混凝土路面拉伸黏结强度的影响，根据标准 JC/T 2381—2016《修补砂浆》测定锯泥对 PVA 胶粉掺量为 1.5% 的硫铝酸盐水泥修补砂浆与混凝土路面拉伸黏结强度的影响，试验结果如图 6.4 所示。

由图可知，当锯泥的掺量为 5.0% 时，修补砂浆与混凝土路面的拉伸黏结强度损失并不明显，略低于空白组修补砂浆。当锯泥的掺量超过 5.0% 时，修补砂浆与混凝土路面的拉伸黏结强度随着锯泥掺量的增加而降低。当锯泥的掺量为 30.0% 时，修补砂浆与混凝土路面的 14d 拉伸黏结强度为 1.31MPa，强度损失率为 42.54%，仍能满足 JC/T 2381—2016《修补砂浆》中对刚性修补砂浆的要求（14d 拉伸黏结强度 ≥ 1.00MPa）。

因此，从降低成本的角度出发，在满足修补砂浆性能要求的前提下，锯泥的掺量应控制在 30.0% 以内。

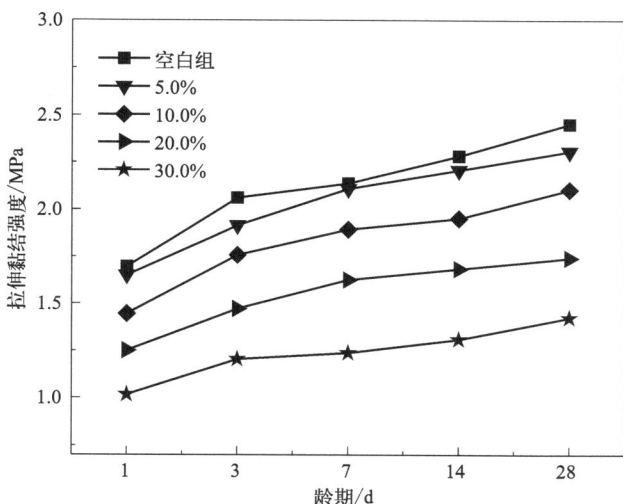

图 6.4　锯泥对修补砂浆与混凝土路面拉伸黏结强度的影响

6.5
本章小结

① 锯泥掺量在 0 ~ 30.0% 范围内时，随着锯泥掺量的增加，修补砂浆的流动度逐渐增加，这可改善减水剂需求量随 PVA 胶粉掺量增加而增加的问题。

② 当锯泥的掺量为 1.0% 和 3.0% 时，对修补砂浆抗折强度和抗压强度的影响并不明显，甚至略有增加；锯泥掺量继续增加，抗折、抗压强度随之降低。当锯泥的掺量为 20.0% 时，修补砂浆 28d 的抗折强度和抗压强度分别为 6.51MPa 和 31.46MPa，仍能满足 JC/T 2381—2016《修补砂浆》对刚性修补砂浆的要求；当锯泥的掺量为 30.0% 时，修补砂浆

28d 的抗折强度和抗压强度分别为 5.51MPa 和 26.15MPa，仍能满足 JC/T 2381—2016《修补砂浆》对柔性修补砂浆的要求。

③ 随着锯泥掺量的增加，修补砂浆与混凝土路面的拉伸黏结强度逐渐降低。当锯泥的掺量为 30.0% 时，修补砂浆与混凝土路面 14d 的拉伸黏结强度为 1.31MPa，仍能满足 JC/T 2381—2016《修补砂浆》对刚性修补砂浆的要求。

④ 综上所述，从降低成本的角度出发，在满足刚性修补砂浆的要求下，锯泥的掺量应控制在 20.0% 以内；在满足柔性修补砂浆的要求下，锯泥的掺量应控制在 30.0% 以内。

混凝土路面
修补加固砂浆

参考文献

[1] Nakai，Hiroshi，Miyaguchi，et al.Experimental and analytical investigations on the behavior of interface between concrete and polymer cement mortar under hygrothermal conditions[J]. Construction and Building Materials，2015，94：414-425.

[2] 宋中南. 我国混凝土结构加固修复业技术现状与发展对策 [J]. 混凝土，2002（10）：10-11+17.

[3] 张文渊 .TK 聚合物砂浆在混凝土表面修补加固中的应用 [J]. 腐蚀与防护，2003（07）：300-302.

[4] Yazdi M A，Dejager E，Debraekeleer M，et al.Bond strength between concrete and repair mortar and its relation with concrete removal techniques and substrate composition[J].Construction and Building Materials，2020，230：116900.

[5] 黄靖. 中国工程建设领域防护与修复技术发展报告 2017-2019[R]. 中国建筑学会建筑材料分会，2019.

[6] Liao W，Wang H，Li M，et al.Large scale experimental study on bond behavior between polymer modified cement mortar layer and concrete[J].Construction and Building Materials，2019，228：116751.

[7] Guo S Y，Zhang X，Chen J Z，et al.Mechanical and interface bonding properties of epoxy resin reinforced Portland cement repairing mortar[J].Construction and Building Materials，2020，264：120715.

[8] Al-Zahrani M M，Maslehuddin M，Al-Dulaijan S U，et al.Mechanical properties and durability characteristics of polymer-and cement-based repair materials[J].Cement and Concrete Composites，2003，25（4）：527-537.

[9] 叶正茂. 硫铝酸盐水泥基防渗堵漏材料的研究 [D]. 南京：南京工业大学，2004.

[10] 杜鹏. 硫铝酸盐水泥基修补砂浆的研究 [D]. 济南：济南大学，2011.

[11] 张明飞. 聚合物改性硫铝酸盐水泥修补砂浆的研究 [D]. 武汉：武汉理工大学，2006.

[12] 范英儒. 磷酸镁水泥基材料的修补黏结性能研究 [D]. 重庆：重庆大学，2016.

[13] 王庆珍. 磷酸镁水泥基材料修补性能研究 [D]. 重庆：重庆大学，2013.

[14] 秦继辉. 超高强磷酸镁水泥基复合材料制备与力学行为研究 [D]. 重庆：重庆大学，2019.

[15] Luo J，Li Q，Zhao T，et al.Bonding and toughness properties of PVA fibre reinforced aqueous epoxy resin cement repair mortar[J].Construction and Building Materials，2013，49：766-771.

[16] 张郁旋. 地质聚合物的制备与性能 [D]. 大连：大连交通大学，2018.

[17] 窦立岩，汪丽梅. 地聚物改性研究进展 [J]. 山东化工，2017，46（08）：61-63.

[18] Park D C, Ahn J C, Oh S G, et al.Drying effect of polymer-modified cement for patch-repaired mortar on constraint stress[J].Construction and Building Materials, 2009, 23（1）: 434-447.

[19] Morgan D R.Compatibility of concrete repair materials and systems[J].Construction and Building Materials, 1996, 10（1）: 57-67.

[20] 赵维, 李东旭, 李清海. 聚合物改性砂浆综述 [J]. 材料导报, 2010, 24（11）: 136-140.

[21] 李悦, 何赫. 聚合物改性水泥砂浆的研究进展 [J]. 功能材料, 2016, 47（07）: 7038-7045.

[22] Wu K R, Zhang D, Song J M.Properties of polymer-modified cement mortar using pre-enveloping method[J].Cement and Concrete Research, 2002, 32（3）: 425-429.

[23] 农金龙. 新老混凝土界面黏结材料及强度的研究 [D]. 长沙：湖南大学, 2003.

[24] Wang R, Wang P M, Li X G.Physical and mechanical properties of styrene-butadiene rubber emulsion modified cement mortars[J].Cement and Concrete Research, 2005, 35（5）: 900-906.

[25] Wang R, Li X G, Wang P M.Influence of polymer on cement hydration in SBR-modified cement pastes[J].Cement and Concrete Research, 2006, 36（9）: 1744-1751.

[26] 何凡. 聚合物改性水泥基修补材料研究 [D]. 长沙：中南大学, 2011.

[27] Feiteira J, Ribeiro M S.Polymer action on alkali-silica reaction in cement mortar[J].Cement and Concrete Research, 2013, 44: 97-105.

[28] Wang M, Wang R M, Yao H, et al.Research on the mechanism of polymer latex modified cement[J].Construction and Building Materials, 2016, 111: 710-718.

[29] Wang M, Wang R M, Zheng S R, et al.Research on the chemical mechanism in the polyacrylate latex modified cement system[J].Cement and Concrete Research, 2015, 76: 62-69.

[30] 贾龙星. 聚合物改性快速修补水泥基复合材料的研究 [D]. 石家庄：石家庄铁道大学, 2016.

[31] Assaad J J.Development and use of polymer-modified cement for adhesive and repair applications[J].Construction and Building Materials, 2018, 163: 139-148.

[32] Li L, Wang R, Lu Q.Influence of polymer latex on the setting time, mechanical properties and durability of calcium sulfoaluminate cement mortar[J].Construction and Building Materials, 2018, 169: 911-922.

[33] Shi C, Zou X, Yang L, et al.Influence of humidity on the mechanical properties of polymer-modified cement-based repair materials[J].Construction and Building Materials, 2020, 261（2）: 119928.

[34] Gao J M, Qian C X, Wang B, et al.E10e[J].Cement and Concrete Research, 2002, 32（1）: 41-45.

[35] Aggarwal L K, Thapliyal P C, Karade S R.Properties of polymer-modified mortars using epoxy

and acrylic emulsions[J].Construction and Building Materials，2007，21（2）：379-383.

[36] Ma H，Li Z.Microstructures and mechanical properties of polymer modified mortars under distinct mechanisms[J].Construction and Building Materials，2013，47：579-587.

[37] Tian Y，Jin X Y，Jin N G，et al.Research on the microstructure formation of polyacrylate latex modified mortars[J].Construction and Building Materials，2013，47：1381-1394.

[38] 王敏.高性能水泥基材料的性能及机理研究 [D].西安：西北工业大学，2018.

[39] Sebök T，Stráněl O.Wear resistance of polymer-impregnated mortars and concrete[J].Cement and Concrete Research，2004，34（10）：1853-1858.

[40] Zheng Z，Li Y，He S，et al.High density and high strength cement-based mortar by modification with epoxy resin emulsion[J].Construction and Building Materials，2019，197：319-330.

[41] 李云超.聚合物硫铝酸盐水泥防腐、抗渗性能的研究 [D].济南：济南大学，2009.

[42] 张霄.聚合物改性快速水泥基修补材料及其机理研究 [D].西安：西安建筑科技大学，2018.

[43] Silva D A，John V M，Ribeiro J L D，et al.Pore size distribution of hydrated cement pastes modified with polymers[J].Cement and Concrete Research，2001，31（8）：1177-1184.

[44] Silva D A，Monteiro P.The influence of polymers on the hydration of portland cement phases analyzed by soft X-ray transmission microscopy[J].Cement and Concrete Research，2006，36（8）：1501-1507.

[45] Afridi M U K，Ohama Y，Demura K，et al.Development of polymer films by the coalescence of polymer particles in powdered and aqueous polymer-modified mortars[J].Cement and Concrete Research，2003，33（11）：1715-1721.

[46] 葛序尧.聚合物改性高强水泥砂浆的研究 [D].长沙：湖南大学，2008.

[47] Medeiros M H F，Helene P，Selmo S.Influence of EVA and acrylate polymers on some mechanical properties of cementitious repair mortars[J].Construction and Building Materials，2009，23（7）：2527-2533.

[48] Betioli A M，Filho J H，Cincotto M A，et al.Chemical interaction between EVA and Portland cement hydration at early-age[J].Construction and Building Materials，2009，23（11）：3332-3336.

[49] Betioli A M，Gleize P J P，John V M，et al.Effect of EVA on the fresh properties of cement paste[J].Cement and Concrete Composites，2012，34（2）：255-260.

[50] Zhao F Q，Li H，Liu S J，et al.Preparation and properties of an environment friendly polymer-modified waterproof mortar[J].Construction and Building Materials，2011，25（5）：2635-2638.

[51] Wang R，Wang P M.Action of redispersible vinyl acetate and versatate copolymer powder in

cement mortar[J].Construction and Building Materials，2011，25（11）：4210-4214.

[52] 史邓明 . 高强聚合物改性水泥砂浆的性能与应用 [D]. 武汉：武汉理工大学，2011.

[53] 武斌 . 硫铝酸盐水泥基防水砂浆的制备及性能研究 [D]. 济南：济南大学，2014.

[54] 孙佳龙 . 用于快速修补的硫铝酸盐水泥基自流平砂浆研究 [D]. 重庆：重庆大学，2018.

[55] Shi C，Zou X，Wang P.Influences of ethylene-vinyl acetate and methylcellulose on the properties of calcium sulfoaluminate cement[J].Construction and Building Materials，2018，193：474-480.

[56] Shi C，X Zou，Wang P.Influences of EVA and methylcellulose on mechanical properties of Portland cement-calcium aluminate cement-gypsum ternary repair mortar[J].Construction and Building Materials，2020，241：118035.

[57] Kim J H，Robertson R E.Effects of polyvinyl alcohol on aggregate-paste bond strength and the interfacial transition zone[J].Advanced Cement Based Materials，1998，8（2）：66-76.

[58] Knapen E，Gemert D V.Cement hydration and microstructure formation in the presence of water-soluble polymers[J].Cement and Concrete Research，2009，39（1）：6-13.

[59] Knapen E，Van Gemert D.Polymer film formation in cement mortars modified with water-soluble polymers[J].Cement and Concrete Composites，2015，58：23-28.

[60] 邢云青 . 聚乙烯醇改性水泥基复合材料性能及机理研究 [D]. 大连：大连理工大学，2019.

[61] Xie Y，Lin X，Li H，et al.Effect of polyvinyl alcohol powder on the bonding mechanism of a new magnesium phosphate cement mortar[J].Construction and Building Materials，2020，239：117871.

[62] Piqué T M，Balzamo H，Vazquez A.Evaluation of the hydration of portland cement modified with polyvinyl alcohol and nano clay[J].Key Engineering Materials，2011，466：47-56.

[63] Ekincioglu O，Ozkul M H，Struble L J，et al.Optimization of material characteristics of macro-defect free cement[J].Cement and Concrete Composites，2004，26（4）：556-565.

[64] Kalina L，Másilko J，Koplík J，et al.XPS characterization of polymer-monocalcium aluminate interface[J].Cement and Concrete Research，2014，66：110-114.

[65] 叶毛然 . 高性能聚合物修补砂浆的应用研究 [D]. 沈阳：沈阳建筑大学，2017.

[66] Schulze J.Influence of water-cement ratio and cement content on the properties of polymer-modified mortars[J].Cement and Concrete Research，1999，29（6）：909-915.

[67] Brien J V，Mahboub K C.Influence of polymer type on adhesion performance of a blended cement mortar[J].International Journal of Adhesion and Adhesives，2013，43：7-13.

[68] Aattache A，Soltani R，Mahi A.Investigations for properties improvement of recycled PE polymer particles-reinforced mortars for repair practice[J].Construction and Building Materials，2017，146

（15）：603-614.

[69] Aattache A，Soltani R.Durability-related properties of early-age and long-term resistant laboratory elaborated polymer-based repair mortars[J].Construction and Building Materials，2020，235：117494.

[70] Li Y，Li W，Deng D，et al.Reinforcement effects of polyvinyl alcohol and polypropylene fibers on flexural behaviors of sulfoaluminate cement matrices[J].Cement and Concrete Composites，2018，88：139-149.

[71] J.Péra，Ambroise J.New applications of calcium sulfoaluminate cement[J].Cement and Concrete Research，2004，34（4）：671-676.

[72] 刘斌清，徐国栋，叶超强，等.硫铝酸盐水泥修复材料研究综述[J].西部交通科技，2018（06）：15-17.

[73] 闻荻江，张兴鹏.水速溶性聚乙烯醇制备研究[J].苏州大学学报（自然科学），2002，（02）：96-100.

[74] 中国石油和化学工业协会.GB/T 12010.1—2008 塑料 聚乙烯醇材料（PVAL）第 1 部分：命名系统和分类基础[S].北京：中国标准出版社，2008.

[75] 刘俊.聚乙烯醇醇解度影响因素及力学性能研究[J].橡塑技术与装备，2019，45（02）：16-22.

[76] 中国建筑材料联合会.GB/T 14684—2011 建设用砂[S].北京：中国标准出版社，2011.

[77] 中国建筑材料工业协会.JC/T 603—2004 水泥胶砂干缩试验方法[S].北京：中国建材工业出版社，2004.

[78] 陕西省建筑科学研究院.JGJ/T 70—2009 建筑砂浆基本性能试验方法[S].北京：中国建筑工业出版社，2009.

[79] Kang X，Zhu X，Liu J，et al.Dissolution and precipitation behaviours of graphene oxide / tricalcium silicate composites[J].Composites Part B，2020，186：107800.

[80] Zhu X，Zhang M，Yang Y，et al.Understanding the aqueous phase of alkali-activated slag paste under bath-curing[J].Advances in Cement Research，2019，33（2）：1-33.

[81] Sun H，Qian J，Yang Y，et al.Optimization of gypsum and slag contents in blended cement containing slag[J].Cement and Concrete Composites，2020，112：103674.

[82] 交通部公路科学研究所.JTG E30—2005 公路工程水泥及水泥混凝土试验规程[S].北京：人民交通出版社，2005.

[83] 中国建筑材料工业协会.JC/T 421—2004 水泥胶砂耐磨性试验方法[S].北京：中国建材工业出版社，2004.

[84] Thong C C, Teo D C L, Ng C K.Application of polyvinyl alcohol（PVA）in cement-based composite materials: A review of its engineering properties and microstructure behavior[J]. Construction and Building Materials, 2016, 107: 172-180.

[85] Tian H, Kong X, Cui Y, et al.Effects of polycarboxylate superplasticizers on fluidity and early hydration in sulfoaluminate cement system[J].Construction and Building Materials, 2019, 228（20）: 116711.

[86] 刘从振，范英儒，王磊，等.聚羧酸减水剂对硫铝酸盐水泥水化及硬化的影响 [J]. 材料导报，2019, 33（04）: 625-629.

[87] Zhang G, Li G, Li Y.Effects of superplasticizers and retarders on the fluidity and strength of sulphoaluminate cement[J].Construction and Building Materials, 2016, 126: 44-54.

[88] Zou D, Zhang Z, Wang D.Influence of citric acid and sodium gluconate on hydration of calcium sulfoaluminate cement at various temperatures[J].Construction and Building Materials, 2020, 263: 120247.

[89] Burris L E, Kurtis K E.Influence of set retarding admixtures on calcium sulfoaluminate cement hydration and property development[J].Cement and Concrete Research, 2018, 104: 105-113.

[90] Kim J H, Robertson R E.Prevention of air void formation in polymer-modified cement mortar by pre-wetting[J].Cement and Concrete Research, 1997, 27（2）: 171-176.

[91] 住房和城乡建设部标准定额研究所 .JG/T 291—2011 建筑用砌筑和抹灰干混砂浆 [S]. 北京：中国标准出版社，2011.

[92] Mechtcherine V, Secrieru E, Schröfl C.Effect of superabsorbent polymers（SAPs）on rheological properties of fresh cement-based mortars——Development of yield stress and plastic viscosity over time[J].Cement and Concrete Research, 2015, 67: 52-65.

[93] Yu J, Qian J, Tang J, et al.Effect of ettringite seed crystals on the properties of calcium sulphoaluminate cement[J].Construction and Building Materials, 2019, 207: 249-257.

[94] Allahverdi A, Kianpur K, Moghbeli M R.Effect of polyvinyl alcohol on flexural strength and some important physical properties of Portland cement paste[J].Iranian Journal of Materials Science and Engineering, 2010, 7（1）: 1-6.

[95] 王海云 .砖混结构砌体加固的修补设计和方法 [J]. 江西建材，2009（04）: 65.

[96] Beushausen H, Gillmer M, Alexander M.The influence of superabsorbent polymers on strength and durability properties of blended cement mortars[J].Cement and Concrete Composites, 2014, 52: 73-80.

[97] 彭家惠，毛靖波，张建新，等 .可再分散乳胶粉对水泥砂浆的改性作用 [J]. 硅酸盐通报，

2011, 30（04）：915-919.

[98] 四川省建筑科学研究院.GB 50367—2013 混凝土结构加固设计规范 [S]. 北京：中国建筑工业出版社，2013.

[99] 中交四航工程研究院有限公司.JTS 311—2011 港口水工建筑物修补加固技术规范 [S]. 北京：人民交通出版社，2011.

[100] 翟翼翀，段鹏选，李崇智.聚合物改性黏结砂浆的性能研究 [J]. 北京建筑大学学报，2016，32（02）：6-11.

[101] Qin J，Qian J，You C，et al.Bond behavior and interfacial micro-characteristics of magnesium phosphate cement onto old concrete substrate[J].Construction and Building Materials，2018，167：166-176.

[102] 孟繁强，薛善彬，张鹏，等.新旧水泥砂浆界面黏结性能试验研究 [J]. 硅酸盐通报，2020，39（12）：3791-3798+3805.

[103] Julio E N B S，Branco F A B，Silva V D.Concrete-to-concrete bond strength-influence of the roughness of the substrate surface[J].Construction and Building Materials，2004，18（9）：675-681.

[104] Scrivener K L，Crumbie A K，Laugesen P.The interfacial transition zone（ITZ）between cement paste and aggregate in concrete[J].Interface Science，2004，12（4）：411-421.

[105] Doan M，Bideci A.Effect of Styrene Butadiene Copolymer（SBR）admixture on high strength concrete[J].Construction and Building Materials，2016，112：378-385.

[106] 李云超，芦令超，王守德，等.聚合物改性硫铝酸盐水泥防腐抗渗性能的研究 [J]. 硅酸盐通报，2008（05）：1014-1017.

[107] Winnefeld F，Lothenbach B.Hydration of calcium sulfoaluminate cements-Experimental findings and thermodynamic modelling[J].Cement and Concrete Research，2010，40（8）：1239-1247.

[108] Huang Y B，Qian J S，Liu C Z，et al.Influence of phosphorus impurities on the performances of calcium sulphoaluminate cement[J].Construction and Building Materials，2017，149：37-44.

[109] Huang Y，Qian J，Liang J，et al.Characterization and calorimetric study of early-age hydration behaviors of synthetic ye'elimite doped with the impurities in phosphogypsum[J].Journal of Thermal Analysis and Calorimetry，2016，123（2）：1545-1553.

[110] Zajac M，Skocek J，Bullerjahn F，et al.Effect of retarders on the early hydration of calcium-sulpho-aluminate（CSA）type cements[J].Cement and Concrete Research，2016，84：62-75.

[111] 钱觉时，余金城，孙化强，等.钙矾石的形成与作用 [J]. 硅酸盐学报，2017，45（11）：1569-1581.

[112] 杨晓.常用早强剂对砂浆早期收缩和开裂性能的影响 [D].哈尔滨：哈尔滨工业大学，2014.

[113] Rashid K，Wang Y，Ueda T.Influence of continuous and cyclic temperature durations on the performance of polymer cement mortar and its composite with concrete[J].Composite Structures，2019，215：214-225.

[114] Gallé C.Effect of drying on cement-based materials pore structure as identified by mercury intrusion porosimetry：A comparative study between oven-，vacuum-，and freeze-drying[J].Cement and Concrete Research，2001，31（10）：1467-1477.

[115] Mirza J，Mirza M S，Lapointe R.Laboratory and field performance of polymer-modified cement-based repair mortars in cold climates[J].Construction and Building Materials，2002，16（6）：365-374.

[116] 史建军，陈四利，肖发，等.冻融环境对聚合物水泥砂浆力学特性影响的试验研究 [J].工业建筑，2015，45（02）：19-22+46.

[117] Sebök T，Stráněl O.Wear resistance of polymer-impregnated mortars and concrete[J].Cement and Concrete Research，2004，34（10）：1853-1858.

[118] Li T，Liu X，Wei Z，et al.Study on the wear-resistant mechanism of concrete based on wear theory[J].Construction and Building Materials，2020，271（3）：121594.

[119] Shi Z Q，Chung D.Improving the abrasion resistance of mortar by adding latex and carbon fibers[J].Cement and Concrete Research，1997，27（8）：1149-1153.

[120] 刘开伟，王爱国，孙道胜，等.硫酸盐侵蚀下钙矾石的形成和膨胀机理研究现状 [J].硅酸盐通报，2016，35（12）：4014-4019.

[121] Hou W，Liu Z，He F，et al.Sulfate diffusion in calcium sulphoaluminate mortar[J].Construction and Building Materials，2019，234：117312.

[122] 芦令超，李云超，王守德，等.聚合物改性硫铝酸盐水泥抗硫酸盐侵蚀性能 [J].建筑材料学报，2009，12（06）：631-634+655.